Giovetti Der gefallene Engel

Paola Giovetti

Der gefallene Engel

Über den Teufel und das Böse in der Welt

Aus dem Italienischen
von Elisabeth Liebl

KAILASH

KAILASH

Im Original erschien das Buch unter dem Titel *L'Angelo Caduto.*
Lucifero e il Problema del Male gli »Ostacoli« sulla Via dell' Evoluzione
bei Edizioni Mediterranee, Roma, Italy.

Bibliografische Information Der Deutschen Bibliothek
Die Deutsche Bibliothek verzeichnet diese Publikation in der Deutschen
Nationalbibliografie; detaillierte bibliografische Daten sind im Internet
über http://dnb.ddb.de abrufbar.

© Edizioni Mediterranee 1997
© der deutschen Ausgabe Heinrich Hugendubel Verlag,
Kreuzlingen/München 2003
Alle Rechte vorbehalten

Umschlaggestaltung: Zembsch'Werkstatt, München
Produktion: Maximiliane Seidl
Satz: EDV-Fotosatz Huber / Verlagsservice G. Pfeifer, Germering
Druck und Bindung: Huber, Dießen
Printed in Germany

ISBN 3-7205-2378-0

Inhalt

Vorwort

Der gefallene Engel ist sozusagen die logische Fortsetzung meines Buches *Engel*, das ich vor ein paar Jahren geschrieben habe. Dieses Werk war eines der ersten Bücher, das sich aus nicht-kirchlicher Sicht mit Engeln auseinander setzte, die heute ein absolutes Modethema geworden sind.

Die Arbeit an *Engel* hat mir viel bedeutet. Vielleicht ist es deswegen auch jetzt noch mein liebstes Buch. Anlass und Auslöser dafür war eine Erfahrung, die ich als Kind gemacht hatte, aber erst die Arbeit an diesem Buch ermöglichte es mir, mich von den unterschiedlichsten Seiten her den Facetten unserer geflügelten Beschützer zu nähern: vom spirituellen Standpunkt ebenso wie vom theologischen, aus psychologischer Sicht genauso wie aus esoterischer. Auch eigene Erfahrungen kamen dabei nicht zu kurz.

Damals habe ich auch dem gefallenen Engel Luzifer ein Kapitel gewidmet. Es zeichnet ein Bild von ihm, das in manchen Punkten von der Darstellung in der Heiligen Schrift abweicht bzw. darüber hinausgeht. Er, der einst der strahlendste der Engel war und den wir heute Teufel nennen, wurde von weniger orthodoxen Denkern mit einem anderen Blick gesehen, als wir ihn gewöhnlich heute haben.

Damals fasste mich das vage Bedürfnis, dieses schwierige und heikle Thema zu vertiefen und gründlicher zu bearbeiten. Denn letztlich wirft das Problem »Luzifer« die entscheidende Frage von Gut und Böse auf – und wie wir damit umgehen. Dies näher zu untersuchen, war ganz sicher ein ehrgeiziges Unterfangen, ja eine Herausforderung für mich.

Die Idee spukte mir also jahrelang im Hinterkopf herum. Ich schob sie beiseite, weil mir die zahlreichen Schwierigkeiten, die mir begegnen würden, nur zu bewusst waren. Aber immer wieder drängte sie sich mir auf, ohne mir Ruhe zu lassen. Bis mir eines Tages klar wurde – ähnlich wie beim Buch über die Engel –, dass ich das Projekt nicht mehr länger aufschieben konnte und dass es Zeit war, sich an die Arbeit zu machen.

So ist *Der gefallene Engel* entstanden – es war keine schwere Geburt, auch wenn die »Schwangerschaft« selbst ziemlich lange dauerte.

Ich bitte den Leser um Verzeihung, sollte nach Lektüre des Buches bei ihm eine gewisse Irritation zurückbleiben. Es ist mir nicht anders ergangen und selbst jetzt bin ich mir noch nicht sicher, was nun richtig ist und was falsch. Doch Antworten auf existenzielle Fragen zu finden verlangt einen hohen Einsatz, daher darf man nicht erwarten, dass uns die Früchte der Suche einfach in den Schoß fallen. Aber sich mit den großen Rätseln der Menschheit auseinander zu setzen, ist ja an sich schon eine wichtige und sinnvolle Betätigung.

Ich wünsche mir, dass dieses Buch ein Ausgangspunkt intensiven persönlichen Forschens wird, dem ich hier nur einige Anregungen bieten kann.

Gute Reise also auf den Spuren des *gefallenen Engels*. Was immer Sie entdecken mögen, ich bin sicher, dass allein der Weg dorthin aufregend und voller Überraschungen sein wird!

Paola Giovetti

Einführung

Armer Teufel!

Dieses Buch über den Teufel und Luzifer, den aufbegehrenden Engel, hat nicht zum Ziel, alte und achtbare Traditionen vom Thron zu stoßen. Vielmehr soll im Licht neuer Erkenntnisse unser althergebrachtes Bild vom Teufel überprüft und neu gefasst werden; zu diesem Zweck werden auch unübliche Erkenntniswege beschritten.

Ich will damit keineswegs ausdrücken, dass der Teufel nur eine Ausgeburt menschlicher Fantasie sei. Mein Anliegen ist, all die wachzurütteln, für die der Teufel immer noch eine Missgeburt mit Hörnern, Bocksfuss und Mistgabel ist, jene widerwärtige Kreatur, die nichts Besseres zu tun hat, als uns Ärmsten, die wir von Anbeginn dazu verdammt sind, uns in seinen Fallstricken zu verfangen, ein Bein zu stellen wie weiland unseren Urahnen Adam und Eva.

Ich persönlich habe nie verstanden, weshalb ein so intelligentes Geschöpf wie der gefallene Engel seine Zeit mit solch kindischen Kinkerlitzchen vergeuden sollte. Dass einzig das durch und durch Böse Motiv seiner Taten sein soll, kann ich nicht glauben: Denn schließlich ist auch der Teufel ein Geschöpf Gottes, und Gott kann unmöglich derart finstere Absichten verfolgen. Alles in seiner Schöpfung hat eine tiefe Logik, alles hat seinen Grund, alles wurde zum Besten aller geschaffen. Also sollte doch auch der Teufel einen anderen Daseinszweck haben als nur das satanische Vergnügen zu empfinden, arme Seelen in die Hölle zu locken. Und was sollten sie dort auch anstellen – für alle Ewigkeit? Diese Vorstellung scheint mir eher widersinnig als schrecklich. Und ich bin sicher nicht die Einzige, denn viele Menschen sehen sich außer Stande, eine solche Lehre zu akzeptieren, und nehmen sie deshalb überhaupt nicht ernst.

Also, so sagte ich mir (anfangs aus reiner Intuition, später dann, weil ich größere Denker, als ich selbst es bin, hinter mir wusste), müssen die Dinge wohl anders liegen. Die Existenz des Teufels muss andere Gründe haben, komplexere, intelligentere, gütigere und gerechtere. Denn der

Glaube an seine Existenz ist weit verbreitet, schreiben wir dem »Satan« doch all unsere Schwächen zu, unseren Egoismus, unsere Angst, unseren Mangel an Liebe, unsere Unwissenheit.

Könnte es denn nicht sein, dass der »Teufel« für unser Unvermögen steht, eine großartige Idee zu begreifen, einen Plan, der uns Stück für Stück, Irrtum um Irrtum aus dem »irdischen Paradies« herausgeführt hat, aus dem Kindergarten der Menschheit sozusagen, um uns die ersten eigenen Schritte tun zu lassen? Damit wir aus eigener Kraft den Weg des

William Blake (1755–1827), *Luzifer, Träger des Lichts.*

Wachstums beschreiten, den Weg der Entwicklung, des Wissens, den Weg zum Menschsein also?

Um Adam und Eva von diesem sicher wunderschönen Ort wegzulocken, musste man sie schon regelrecht hinauswerfen. Es war die Schlange, der verlängerte Arm des Teufels, die diese Verantwortung auf sich nahm. Eine mutige Geste, denn der Teufel bzw. die Schlange mussten schließlich wissen, welch üblen Ruf ihnen diese Tat einbringen würde.

Haben wir diesen »Mitarbeiter« Gottes, der eine so undankbare Aufgabe übernahm, bislang also völlig falsch verstanden? Ich denke, dass dies tatsächlich der Fall ist. Und daher habe ich mir vorgenommen, die Rolle des Teufels im Schöpfungsprozess unter diesem Blickwinkel neu zu deuten. Eben das habe ich mir im Rahmen diesem Buches und meiner bescheidenen Fähigkeiten zur Aufgabe gestellt. Und ich will auch gleich zu Werke gehen. Von nun an werde ich dieses Geschöpf Gottes nicht mehr nur »Teufel« oder – noch Furcht erregender – »Satan« nennen. Wenn ich im Folgenden von ihm spreche, dann ziehe ich es auch manchmal vor, von »Luzifer« zu sprechen, was bedeutet: »Überbringer des Lichts«. Denn ist nicht das Licht das Symbol der Erkenntnis?

Für den Teufel spricht doch dies:
Wir haben ja nur die eine Seite
der Geschichte gehört.
Doch Gott ist der Schöpfer aller Bücher.

Samuel Butler (1835–1902),
englischer Schriftsteller, *Notebooks*

1

Der Teufel und das Problem des Bösen

Das Böse, das Leiden also, das wir erdulden müssen, ohne ihm entkommen zu können, das wir von unserem Nächsten erfahren oder uns gar selbst zufügen, ist eine unleugbare Tatsache. Seit jeher erleben wir das Böse als Gefahr, es jagt uns ebenso große wie gerechtfertigte Angst ein.

Die Existenz des Bösen gehört zu den unergründlichen Rätseln, die der Mensch zu lösen versucht, seit es ihn gibt. Die Antworten, die er darauf gefunden hat, gehen weit über die Sphäre des Rationalen hinaus. Sie verweisen auf ein Prinzip, das Ursprung und Urgrund all des Negativen ist, das uns widerfährt. In ihm drücken sich alle Versuchungen, Schwächen und Unglücksfälle aus, die Teil der menschlichen Natur sind. Dieses Prinzip hat viele Namen: Teufel, Dämonen, böse Geister, Satan, Beelzebub und noch andere.

Ein kurzer Blick auf die Religionen der Welt wird uns zeigen, wie verbreitet diese Auffassung auch in anderen Kulturen ist.[1]

Alle indigenen Religionen sowie die Glaubensvorstellungen der Vorzeit gehen davon aus, dass es, seit die Welt ihren Anfang nahm, auch Dämonen und Geister gibt. Dämonen sind negative, dem Menschen feindlich gesonnene Wesen, die er sich tunlichst mit Riten und Opfern geneigt machen soll, damit sie ihm keinen Schaden zufügen. Bei den Geistern hingegen handelt es sich meist um die Seelen der Vorfahren. Sie sind den Lebenden gewöhnlich wohl gesonnen, einige können jedoch ebenso böswillig sein wie Dämonen. Deswegen besteht das Inventar der meisten Religionen im Wesentlichen aus Riten und Zeremonien zur Besänftigung von Dämonen und bösen Geistern. Denn sie gelten als Quelle aller negativen Ereignisse im menschlichen Leben, seelische und körperliche Erkrankungen eingeschlossen. Offensichtlich handelt es sich dabei vorwiegend um die Projektion eigener Ängste, hinter der das Bedürfnis nach einer klaren Ordnung

---

[1] Sehr häufig findet sich auch die Überzeugung, dass diese Übel wollenden Wesen die Fähigkeit besitzen, in den Körper eines Menschen zu schlüpfen. Dementsprechend finden sich fast in allen Kulturen Exorzismen, also Techniken zur Austreibung solcher Wesenheiten.

steht. Anders gesagt: Man schafft sich nicht-irdische Wesenheiten, die man für alles Unerwünschte verantwortlich macht und mit Ritualen und Gebeten besänftigt.

Wenn wir die weiter entwickelten Hochkulturen betrachten, vor allem das Pantheon der ägyptischen Götter, stoßen wir auf Seth, den Mörder des jungen Osiris. Seth war der Gott der Dunkelheit, des Sturms und der Trockenheit und als solcher der Erzfeind von Horus und Ra, den Sonnengöttern. Damit war er aber auch der Erzfeind des Menschengeschlechts, das in diesen Breiten nichts mehr fürchten musste als das Ausbleiben des Regens und die Unwetter, welche die Ernte zerstörten und die Früchte menschlicher Arbeit zunichte machten. Nichtsdestotrotz war auch Seth, der älteste Dämon mit eindeutiger Identität, älter als die hebräischen und griechischen Götterfiguren, ein Werkzeug Gottes. Ihm verdankte man, dass das ewige Werden des Lebens nicht zum Erliegen kam. Meiner Ansicht nach wurde dieser so häufig zu beobachtende Aspekt der dämonischen Kräfte bisher nicht ausreichend gewürdigt.

Auch in Persien kennt man einen großen bösen Geist. Er trägt den Namen Amraminjn. Giacomo Leopardi hat ihn in seinem *Hymnus an Ahriman* besungen.[2] Ahriman ist, obwohl eigentlich ein böser Geist, gleichzeitig der Vater von Erde und Wasser, von Pflanzen und Tieren. Er ist der Gegenspieler von Ahura Mazda, dem Prinzip des Guten, und Feind von Zarathustra, der diesem Gott der Güte dient. Zarathustra wird von Ahriman versucht, doch vergebens. Hier ist bereits eine Parallele zu Jesu Versuchung durch den Satan erkennbar. In der persischen Mythologie bekämpfen sich Ahriman und Ahura Mazda bis ans Ende aller Zeiten.

Die Inder glauben, dass Krankheiten und Unglücksfälle von den zahlreichen Dämonen der hinduistischen Unterwelt verursacht werden. Shiva, eine der Inkarnationen des höchsten Gottes, ist eine der so genannten »zornvollen Gottheiten«. Er steht für die zerstörerischen Kräfte der Natur, gleichzeitig aber auch für die Erneuerung des Lebens. Auf diese Doppelgesichtigkeit der Gottheit in ihrem schöpferischen sowie gleichzeitig zerstörerischen Aspekt werden wir später näher eingehen. Shiva ist der Vater der Dämonen, daher verlangt er auch blutige Opfer. Auch Kali, die Grauen erregende Personifikation des weiblichen Prinzips, fordert Tier- und Menschenopfer. Außerdem kennt der Hinduismus Scharen von mächtigen Dämonen und Geistern, die sich gegenseitig bekriegen. Meist

---

[2] Siehe dazu das Kapitel »Der Teufel in der Kunst«.

handelt es sich bei ihnen um ausgesprochen bösartige Menschen, die sich im Tod in böse Geister verwandelt haben.

In der buddhistischen Tradition begegnen wir Mara, einem wahren Teufel. Er ist der Gott der sexuellen und aller anderen weltlichen Vergnügungen, der uns zu unmoralischem Tun und Treiben verleitet, uns blind macht und in Verwirrung stürzt, bevor er uns vernichtet. Lange versuchte Mara, Buddha während seiner Meditation unter dem Baum der Erleuchtung zu stören. So teilt auch er verschiedene Aspekte mit dem Satan der Christen, der den fastenden Jesus in der Wüste versuchte, während der Erlöser sich dort auf sein öffentliches Wirken vorbereitete.

Der chinesische Taoismus kennt – wie alle anderen Religionen – ebenfalls übernatürliche Wesen von guter und böser Natur. Letztere gelten als Ahnengeister, die zu Dämonen geworden sind und daher besondere Verehrung finden müssen, damit sie den Lebenden nicht schaden. Ein besonders übler Geist ist *Sha*. Ihm schreibt man alle Krankheiten zu, vor allem die seelischen. Sie werden darauf zurückgeführt, dass Sha in den Körper des Betreffenden schlüpft und ihn in Besitz nimmt. Daher kennt man im Taoismus auch verschiedene Rituale zur Austreibung dieses bösen Geistes, die von Priestern und Zauberern praktiziert werden.

Wenden wir uns dem uns näher liegenden Griechenland zu, dann stoßen wir dort auf einen Mythos, der uns an die christliche Legende von der Empörung der Engel gegen den Herrn erinnert – den Aufstand der Titanen gegen die Macht des Zeus. Der Mächtigste aller Titanen ist Typhaon oder Typhoeus, ein Name, der in unserem Wort »Taifun« fortlebt, einem der zerstörerischsten Winde der Erde. Früher war Typhaon jedoch eine richtige Gottheit des Bösen. Der Sohn des Erdgeistes Tartaros und der Erdgöttin Gaia zettelte einen gewaltigen Aufstand gegen den höchsten Gott der Griechen an und konnte erst nach langen Kämpfen besiegt werden. Zeus ließ ihn am Leben, schlug ihn aber in Ketten und verbannte ihn in die Tiefen der Erde. Immer wenn Typhaon sich gegen die Wände seines dunklen Kerkers warf, bebte die Erde. Die Mäuler der Vulkane spien tödliches, zerstörerisches Feuer, und Orkane erhoben sich, um die Welt zu zerstören. Interessant ist, dass auch Typhaon – wie Satan – eine enge Verbindung zu Schlangen hat. Er selbst wird häufig mit menschlichem Körper und dem Kopf einer Schlange dargestellt und hat sich eine Viper zur Gattin erwählt, die ihm einige schreckliche Ungeheuer geboren hat: den Höllenhund Zerberus, die schrecklichen, vogelköpfigen Harpyien und die dreiköpfige Chimaira, die Feuer speien konnte.

An dieser Stelle sollten wir innehalten und uns mit Sinn und Bedeutung des griechischen Wortes *daimon* befassen, das von den »Dämonen« der anderen religiösen Traditionen so verschieden ist.

Die griechische Auffassung vom *daimon* lässt sich einem höchst wertvollen Text entnehmen, den der Schriftsteller und Philosoph Apuleius im 2. Jahrhundert n. Chr. verfasste. Apuleius wurde in Afrika geboren, aber in Griechenland erzogen, wo er auch *Der Schutzgeist des Sokrates* niederschrieb. Apuleius führt aus, dass die höchste Gottheit unfassbar und in so weiter Ferne sei, dass der Mensch sie nicht begreifen könne: Sie sei »von uns getrennt und nicht im Geringsten mit unserer Existenz befasst«. Die Möglichkeit eines direkten Kontaktes zwischen der himmlischen und der irdischen Sphäre ist damit von vornherein ausgeschlossen. Doch der Philosoph fährt fort. Die Dämonen, so schreibt er, erfüllten eine Mittlerfunktion zwischen Göttern und Menschen. »… es gibt einige göttliche Wesenheiten, die zwischen den Welten vermitteln. Sie leben im Luftraum, der sich zwischen der erhabenen Höhe des Himmels und den unwürdigen Tiefen der Erde erstreckt. Sie sind es, die den Göttern unsere Wünsche und Verdienste mitteilen. Die Griechen haben ihnen den Namen *daimon* gegeben. Sie wirken als Boten, welche die Gebete zum Himmel tragen und dessen Gaben zur Erde.« Zu den Aufgaben dieser »Dämonen« gehört laut Apuleius: »Träume zu schicken, die Eingeweide zu ordnen, den Flug der Vögel zu lenken, den prophetischen Gesang der Vögel zu dirigieren, Seher zu inspirieren, Blitze zu schleudern, die Wolken in verräterischen Schein zu hüllen, kurz gesagt, alles zu tun, was es den Menschen erlaubt, die Zukunft vorherzusagen … All diese Erscheinungen sind einzig vom Willen und der Macht der Götter abhängig, sie geschehen aber nur durch den Gehorsam, den Eifer und die Botentätigkeit der Dämonen.« Die Dämonen, so fährt Apuleius fort, »teilen mit den höheren Wesen ihre Unsterblichkeit, mit den niederen aber die Leidenschaften … Sie werden von Wut erfasst, von Mitleid geneigt gemacht, von Geschenken besänftigt, von Gebeten freundlich gestimmt. Beleidigungen erregen ihren Zorn, Ehrerbietung aber macht sie milde.« Jedes menschliche Wesen, so der Philosoph, hat seinen eigenen Dämon: »Sein persönlicher Schutzgeist wacht über jeden Menschen, steht ihm bei und hält die Hand über ihn. Er kennt ihn bis in die Tiefen seines Herzens, beobachtet ihn genau. Er ist der unermüdliche Zuschauer, der unfehlbare Zeuge, der das Böse tadelt und uns zum Guten mahnt.«

Sokrates hatte ein ganz besonderes Verhältnis zu seinem Dämon. Er nahm ihn wie »eine Art Stimme« wahr, die ihm sagte, was geschehen würde, und ihm allerlei Hindernisse aus dem Weg räumte. Aus diesem Grund empfand Sokrates für seinen *daimon* hohe Verehrung.

Apuleius selbst räumt ein, dass dieser daimon »eine Art Hausgeist ist, ein Lar« und ganz sicher kein Teufel. Wir können dem hinzufügen, dass er starke Ähnlichkeit mit dem christlichen Schutzengel besitzt, ergänzt um ein paar menschlichere Züge: die Leidenschaften nämlich, von denen Apuleius spricht.

Auf die jüdisch-christliche Tradition wird in den folgenden Kapiteln noch ausführlicher eingegangen. Sie hatte zweifellos großen Einfluss auf islamische Glaubensvorstellungen, was sich deutlich am Koran belegen lässt.

Iblis, der islamische Dämon, hat sich wie Satan gegen Gott erhoben. Er ist der Herr der bösen Geister und tritt als Versucher der Menschen auf. Im Koran (VII, 10–18) lesen wir, wie Iblis den Himmel verlässt.

> *Wir hatten euch auf die Erde gesandt und euch dort mit Nahrung versorgt. Doch wie wenig dankbar seid ihr! Und Wir haben euch erschaffen, dann gaben Wir euch Gestalt; dann sprachen Wir zu den Engeln: »Verehrt Adam«; und sie alle verehrten ihn. Nur Iblis nicht; er gehörte nicht zu denen, die Verehrung zollten.*
>
> *Allah sprach: »Was hinderte dich, ihn zu verehren, als Ich es dir gebot?« Iblis antwortete: »Ich bin vorzüglicher als Adam, denn mich hast Du aus Feuer erschaffen, ihn aber nur aus Lehm!« Allah erwiderte: »Hinfort mit dir von hier; es ziemt sich nicht für dich, hier hoffärtig zu sein. Hinaus denn; von nun bist du wahrlich der Erniedrigten einer.«*
>
> *Iblis entgegnete: »Gewähre mir Aufschub bis zum Tage der Auferstehung.« Allah sprach: »Dir sei Aufschub gewährt.« Und Iblis gab zurück: »Wohlan, da Du mich hast irren lassen, will ich den Menschen gewisslich auflauern auf Deinem geraden Weg. Dann will ich über sie kommen von vorne und von hinten, von der rechten und von der linken Seite, und Du wirst den größten Teil der Menschen undankbar finden.«*
>
> *Allah aber antwortete: »Hinweg mit dir, verachtet und verstoßen sollst du sein! Wahrlich, wer von ihnen dir folgt – Ich werde die Hölle füllen mit euch allesamt.«*

Iblis' Schuld – wie auch die Satans – besteht in seinem Ungehorsam und seinem Hochmut. Dazu kommt noch die Eifersucht auf die Menschen und der Stolz auf die eigene Würde. Er hält sich für würdiger als Adam, denn Iblis wurde aus dem Feuer geschaffen, Adam aber nur aus Lehm. Interessant und gleichzeitig irritierend ist die Tatsache, dass Iblis sein Verfehlen Gott zuschreibt. Er sei es schließlich gewesen, der den Menschen als Krone der Schöpfung geschaffen und alle anderen Wesen aufgefordert habe, ihn anzubeten. Dadurch habe Gott in ihm ein nur zu verständliches Gefühl der Eifersucht bewirkt. Daher wird Iblis von nun an versuchen, die Menschen von ihrem Weg abzubringen und sie ins Verderben zu führen.

Allah aber zeigt Iblis gegenüber Verständnis, wenn nicht gar Sympathie. Vielleicht ist auch er der Auffassung, dass er ihm den Irrtum überhaupt ermöglicht hat. (Auch der hebräische Gott wird sich Satan gegenüber nicht anders verhalten.) Also gewährt er ihm, was er verlangt: Er erlaubt ihm, die Menschen auszuforschen, sie zu versuchen und zu verfolgen.

Wie aber kommt es, dass Gott dem gefallenen Engel zu tun gestattet, was seinem göttlichen Willen ja entgegenstehen müsste? Es scheint absurd, aber bei aufmerksamer Lektüre der Bibel und des Korans kann nicht geleugnet werden, dass Gott selbst Satan bzw. Iblis erlaubt, den Menschen zu versuchen. Warum? Ganz sicher erfolgt dies zu einem guten Zweck. Nur so kann der Mensch eine Wahl treffen, er kann den freien Willen gebrauchen, mit dem er ausgestattet ist. Und dies ist der groß angelegte Plan, in dem Luzifer zum Werkzeug Gottes wird: Der Mensch soll Wissen und Weisheit erlangen, indem er sich den Versuchungen stellt, Irrtümer begeht, fehlt – und all dies am Ende überwindet.

In Giovanni Papinis Buch *Il diavolo (Der Teufel)*, das hier noch des Öfteren zitiert wird, legt dieser dem Dominikanerpater Lacordaire, einem berühmten Prediger des 19. Jahrhunderts, folgenden Satz in den Mund: »Dieu, mes frères, emploie quelquefois des moyens diaboliques!« (Gott, meine Brüder, ahmt so manches Mal die Schliche des Teufels nach.) Ein Satz, der auf den ersten Blick rätselhaft wirkt, doch im Lichte der eben gewonnenen Erkenntnisse einen ganz neuen Sinn erhält. Vielleicht ist es das, was Pater Lacordaire uns sagen wollte.

2

Der Fall

Am Anfang der Menschheitsgeschichte steht der »Fall«. Dieser Fall wird unterschiedlich interpretiert. Einige sehen in ihm das Sinnbild der Sünde, andere die Lösung aus der Einheit, das Herausfallen aus dem Naturzustand, in dem der Mensch eins mit der Schöpfung war: eine Lebensform, die vielleicht heute noch in verschiedenen, von uns primitiv genannten Gesellschaften existiert.

Der Bibel zufolge betrifft der Fall zunächst die Engel, vor allem den strahlendsten unter ihnen, Luzifer. Die Engel, sowohl jene, die Gott treu blieben, als auch die anderen, die sich gegen ihn auflehnten, gehören zum »unsichtbaren Teil der Schöpfung«, der vor der sichtbaren, materiellen Welt erschaffen wurde. Dies geht schon daraus hervor, dass die Schlange bereits auf Adam und Eva lauerte, als Gott die beiden ins Paradies führte. Und als das erste Menschenpaar aus dem irdischen Paradies gejagt wurde, erhielten die Engel die Aufgabe, sein Tor zu bewachen (1. Buch Mose, 3, 24). Als Adam und Eva geschaffen wurden, musste die Spaltung der Engelsscharen, die Rebellion, der »Streit im Himmel« also bereits stattgefunden haben. In der Bibel finden sich mehrere Anspielungen auf diesen Kampf, obwohl nirgendwo ein Grund angegeben wird. So lesen wir zum Beispiel in der Apokalypse (12, 7–9):

Und es erhob sich ein Streit im Himmel: Michael und seine Engel stritten mit dem Drachen, und der Drache stritt und seine Engel und siegten nicht, auch ward ihre Stätte nicht mehr gefunden im Himmel. Und es ward ausgeworfen der große Drache, die alte Schlange, die da heißt der Teufel und Satanas, der die ganze Welt verführt, und ward geworfen auf die Erde, und seine Engel wurden auch dahin geworfen.

Und Jesaja (14, 12–15) erzählt voll poetischem Feuer vom »schönen Morgenstern«, der ihm auch nach seinem Sturz Bewunderung abringt:

Wie bist du vom Himmel gefallen
du schöner Morgenstern!
Wie bist du zur Erde gefällt,
der du die Heiden schwächst!
Gedachtest du doch in deinem Herzen:
»Ich will in den Himmel steigen
und meinen Stuhl über die Sterne Gottes erheben.
Ich will mich setzen auf den Berg der Versammlung
in der fernsten Mitternacht.
Ich will über die hohen Wolken fahren,
und gleich sein dem Allerhöchsten.«
Doch zur Unterwelt fährst du,
zur tiefsten Grube!

Diese Bewunderung scheint bei Hesekiel (28, 12–17) noch größer zu sein:

Du warst ein reinliches Siegel,
voller Weisheit und über die Maßen schön.
In Eden warst du, im Lustgarten Gottes,
und mit allerlei Edelsteinen geschmückt:
mit Sarder, Topas, Diamant, Türkis, Onyx, Jaspis,
Saphir, Amethyst, Smaragd und Gold.
Am Tage, da du geschaffen wurdest, ertönten dir
Pauken und Trompeten.
Du warst ein glänzender, schirmender Cherub …
Weil sich dein Herz erhob, dass du so schön warst,
und hast dich durch deine Klugheit betrügen lassen in all deiner Pracht,
darum will ich dich zu Boden stürzen …

Wie aber kommt es, dass dieser gefallene Engel in der Schöpfungsgeschichte plötzlich zur Schlange wird? *Saraf* bedeutet im Hebräischen sowohl »brennend« als auch »Schlange« im Sinne von »Drache«. Dieses Wort ist vermutlich die Wurzel für die *Seraphim*, die höchste Ordnung der Engel (die »vor Gottesliebe brennen«). Die Schlange der Schöpfungsgeschichte ist also eine enge Verwandte der Seraphim – und Luzifer, der vollkommenste der Engel, gehörte ganz sicher der höchsten »englischen« Rangstufe an, war also ein Seraph.

Die Tatsache, dass die Engel und mit ihnen die Seraphim bzw. »Schlangen« zu der Zeit, als der Mensch die Weltbühne betrat, bereits da waren, zeigt deutlich, dass die beiden Pole, die sie repräsentieren (das so genannte Böse und das so genannte Gute), untrennbar zur menschlichen Existenz gehören. Sie sind sozusagen der eigentliche Motor der menschlichen Entwicklung.

Auf Grund welcher Sünde wurden Luzifer und die anderen Engel aus dem Himmel verstoßen? Lange nahm man an, dass diese Sünde etwas mit der Sexualität zu tun hätte. Denn im ersten Buch Mose (6,2) steht zu lesen: »… da sahen die Kinder Gottes nach den Töchtern der Menschen, wie sie schön waren, und nahmen zu Weibern, welche sie wollten.« Dass dies nicht zutreffen kann, lässt sich schon aus der Tatsache ableiten, dass der Fall Luzifers der Erschaffung des Menschen zeitlich vorangeht. Thomas von Aquin war es, der auf die Sünde des Hochmuts verwies, wie die Bibel das auch zweifelsfrei belegt.

Interessant ist in dieser Hinsicht, welche Ähnlichkeiten der Fall Luzifers und der Sündenfall von Adam und Eva aufweisen. Auch der Sündenfall wurde zunächst sexuell interpretiert. Die verbotene Frucht, die Eva, von der Schlange, dem Sinnbild der Verschlagenheit, aber auch der Weisheit verführt, mit ihrem Gefährten zusammen verzehrt, wurde häufig als sexueller Kontakt aufgefasst. Doch auch hier verschob sich der Akzent zunehmend auf die Todsünde des Hochmuts: der Hochmut der Erkenntnis, die Rebellion gegen die vorgegebene Ordnung, der Wunsch, die eigenen Grenzen zu überschreiten.

Dass Adam und Eva mit der Vertreibung aus dem geschützten Garten Eden für ihren Hochmut bestraft wurden, wird heute von vielen Theologen angenommen. Interessant ist in dieser Hinsicht auch die Meinung des Biologen Giuseppe Sermonti, den ich interviewt habe: »Der Mensch, der früher Teil der Melodie, des wunderbaren Konzertes der Natur war, hat sich davon gelöst und wurde mehr und mehr zum Außenstehenden, zum Beobachter. Die Erbsünde des Menschen ist, dass er sich von der Natur entfernt hat. Von diesem Moment betrachtete er die Welt, sich selbst und Gott von außen, ohne noch Teil von ihr zu sein wie die Tiere. Ich denke, dass die Erbsünde eine gewisse Form von Hochmut gegenüber der Natur ist: Wir stehen nicht mehr auf du und du mit der Umwelt, den Tieren, den Pflanzen. Wir sprechen nicht mehr mit den Vögeln, auch wenn es danach noch einmal einen gab, der dies konnte … Die Sünde der Erkenntnis, der Hochmut des Wissens. Eine gewaltige Sünde, die der Mensch auf sich nehmen musste, um sich weiterentwickeln zu können.«[3]

---

[3] Siehe: *Paola Giovetti: Alla ricerca del Paradiso*. Rom 1995

Es war also nicht nur simpler Ungehorsam, sondern eine grundlegende Sünde, welche die Schlange den ersten Menschen einflüsterte: das Streben, das Gute vom Bösen unterscheiden zu können und damit Gott gleich zu werden. Darum also geht es: um den Erwerb des Wissens, der Fähigkeit, das Gute vom Bösen zu unterscheiden. Der Mensch muss den »paradiesischen« Zustand des Einsseins mit der Natur verlassen, um seinen eigenen Weg zu gehen. Und Luzifer selbst ist es, der uns darin vorangegangen ist.

Die Evolutionstheorie betont, dass der Mensch am Anfang seiner Geschichte über einen sehr langen Zeitraum hinweg in vollkommener Harmonie mit der Natur gelebt hat. Er war Teil seiner Umwelt und verlangte nicht nach mehr. Damals gab es keine Sünde. Dann geschah etwas, das ihn aus diesem undifferenzierten Glückszustand herauswarf und das Einssein mit dem Ganzen unterbrach. An diesem Punkt setzt der Dualismus ein, in dem wir noch heute gefangen sind. Und dieser Punkt, der letztlich einen Entwicklungsschritt des Menschen darstellt, wird mit der Erbsünde gleichgesetzt, mit der von Luzifer, dem Teufel, ins Werk gesetzten Vertreibung aus dem Paradies.

Vergessen wir nicht, dass das lateinische »diabolus«, also »Teufel«, vom griechischen *dia-ballo* kommt, was »verleumden« bedeutet, aber auch »teilen«. In diesem Fall wäre damit die Trennung von der ursprünglichen Einheit gemeint, die uns auf den dualistischen Weg der menschlichen Entwicklung schickt.

Luzifer und Prometheus

Den Hochmut, der zum Fall aus der Gnade führt, gibt es auch in anderen Kulturen. In der griechischen Mythologie zum Beispiel ist die *hybris*, der Stolz, die Rebellion gegen die Götter, überhaupt die einzige Sünde.

Genauer betrachtet ist die Geschichte von Prometheus, der Zeus das Feuer raubte, um es den Menschen zu bringen, durchaus mit der von Luzifer vergleichbar, der ebenfalls ein »Überbringer des Lichts« (der Erkenntnis) war.

Prometheus genoss bei den alten Griechen hohes Ansehen, weil er den Menschen das Feuer gebracht hatte. Zuerst findet er bei Hesiod in *Werke und Tage* Erwähnung. Hesiod stellt uns Prometheus als Titanen vor, der versuchte, den Menschen ihr schweres Los zu erleichtern. Zeus weigerte sich, den Menschen das Feuer zu geben, weil sie ihm den schlechtesten statt den besten Teil der Opfertiere anboten. Prometheus aber raubte es ihm, verbarg es in einem hohlen Rohr und brachte es zur Erde. Zeus ließ ihn zur Strafe an einen Felsen schmieden, wo ihm ein Adler die Leber herauspickt, die ständig nachwächst.

Aischylos verleiht der Figur des Prometheus in seinem Stück *Der gefesselte Prometheus* neuen Tiefgang. Er stellt ihn dar, an den Felsen geschmiedet, zerfressen von körperlichen Schmerzen und moralischen Zweifeln. Prometheus, der den Menschen stark und glücklich wollte und ihm deshalb die göttlichen Werkzeuge des Fortschritts gab, wird nun von einer egoistischen und neiderfüllten Kraft an einen Felsen gefesselt.

Auch Plato macht Prometheus zum Helden. Im *Protagoras* raubt er in der Werkstatt von Hephaistos und Athene das Feuer der Weisheit und setzt den göttlichen Funken in die erst vor kurzem aus Lehm geschaffenen Menschen. Plato betrachtet also das von Prometheus geraubte Feuer als spirituelle Energie, die den Menschen beseelt.

Mut und Hochmut lassen Prometheus gegen die Gottheit aufstehen und können durchaus mit den Motiven Luzifers verglichen werden, der denselben Schritt unternimmt, um Erkenntnis und Unabhängigkeit zu erlangen.

3

Zur Verteidigung Luzifers

Und was sagt nun unsere eigene religiöse Tradition zum Thema »Luzifer«?

In der Generalaudienz vom 15. November 1972 sprach Papst Paul VI. sehr offen über den Teufel und das Problem des Bösen. Unter anderem meinte er: »Der Teufel ist die eigentliche Ursache für den Sündenfall der Menschen; er ist der heimtückische Versucher, der die erste Sünde herausforderte, die Erbsünde. Von dem Moment an, in dem Adam ihm zum Opfer fiel, gewann der Teufel eine gewisse Macht über die Menschen, von der nur Christus, der Erlöser, uns erretten kann … [Der Teufel] ist der erbittertste Feind des Menschen, der Versucher schlechthin … er ist der verborgene Widersacher, der die Menschheitsgeschichte mit Irrtümern und Fehlern erfüllte … seine raffinierten Einflüsterungen sind es, die das moralische Gleichgewicht des Menschen gefährden.«

Monsignore Corrado Balducci, ein Theologe, der sich eingehend mit dem Problem des Teufels beschäftigt hat, schreibt in seinem Buch *La possessione diabolica* (Die Teufelsbesessenheit) über »den Fürsten dieser Welt«: »Satan ist ein gefallener Engel. Auch die Engel mussten sich einer Prüfung unterziehen, um der ewigen Glückseligkeit teilhaftig zu werden: Viele von ihnen lehnten sich auf, hatten jedoch – anders als der Mensch – keine Möglichkeit, von der Sünde erlöst zu werden, da sie im vollen Bewusstsein ihres eigenen himmlischen Standes und in voller Kenntnis der göttlichen Gnade handelten. Von diesem Augenblick an sprach man von Dämonen und Hölle … Während die Engel ihre Macht zum Guten einsetzen, verfolgen die Dämonen finstere und unheilvolle Zwecke, weil sie von Hass auf Gott und seine menschlichen Geschöpfe erfüllt sind …«

Um dieses Bild zu vervollständigen möchte ich Ihnen nicht vorenthalten, wie Abt René Laurentin in seinem Buch *Il demonio: mito o realtà?* (Der Teufel: Mythos oder Realität?) Luzifer definiert: »Der Teufel ist ein Geschöpf Gottes, aber ein vom Weg abgekommenes Geschöpf, das sich selbst verstümmelt hat und nun anderen schadet … Als Gegner ist er nicht zu unterschätzen. Seine engelhafte Intelligenz übersteigt die unsere bei weitem, sein Handeln ist mehr als schrecklich. Und doch ist er kein Schöpfer wie Gott. Die Macht dieser verderbten, verirrten Kreatur richtet sich ausschließlich auf Verwirrung und Zerstörung ...«

Wie wir sehen, handelt es sich hier durchweg um die Meinung von Autoritäten. Und sie stimmen im Wesentlichen überein: Der gefallene Engel hat nur Böses im Sinn, sein Ziel ist es, den Menschen vom Weg abzubringen, ihn in die Hölle zu locken, in die Verachtung Gottes und seiner Schöpfung.

Doch wie ich bereits angedeutet habe, ist damit die Rolle Luzifers noch keineswegs in ihrer Gänze erfasst. So kann man in Luzifer auch den »Geist des Lichtbringers« erblicken, der zum Motor unserer inneren Entwicklung wird, den dynamischen Impuls, der uns vorwärts treibt, im Guten wie im Bösen – oder besser noch: in dem, was uns als gut bzw. böse erscheint.

Die Menschen, die erkannt haben, dass Luzifer oder der Teufel vielleicht nur eine Metapher für die vorwärts drängende Kraft ist, die unsere Entwicklung steuert, die uns aus dem ursprünglichen Einssein mit dem Paradies herausgelöst und uns auf den Weg des Dualismus gebracht hat, waren Querdenker, Esoteriker und Dichter. Leider hat man ihren Ausführungen nur selten Gehör geschenkt. Zu tief verwurzelt ist die Vorstellung vom »bösen« Teufel, an die wir alle gewöhnt sind. Und natürlich ist es auch zu verführerisch, ihm alles zuschieben zu können, was uns an uns selbst und an anderen stört. Lösen wir uns vom Bild des Teufels als Versucher und wenden uns stattdessen dem Luzifers, dem Träger des Lichts der Erkenntnis, zu, dann übernehmen wir damit die volle Verantwortung für das, was wir sind und tun. Wir akzeptieren unser Leben ganz bewusst und widerstehen der Versuchung, anderen die Schuld an unserem Tun und Lassen aufzubürden. Ich weiß, wir sind für diesen Schritt noch lange nicht bereit. Doch ich bin sicher, dass Sie, die Sie dieses Buch lesen, offen sind für andere, weniger orthodoxe Standpunkte: den des österreichischen Anthroposophen Rudolf Steiner zum Beispiel oder den des englischen Malers William Blake. Nicht zu vergessen den berühmten deutschen Philosophen Johann Gottfried Herder, der auf seine Zeit und vor allem auf J. W. von Goethe tiefen Einfluss ausübte.

Die »Gottheiten der Hindernisse« bei Rudolf Steiner

Rudolf Steiner (1861–1925) ist einer der ungewöhnlichsten und originellsten Denker der jüngeren Zeit, der auf vielen Gebieten tätig war: Seine pädagogischen Ausführungen haben zur Gründung der bekannten und geschätzten Waldorf-Schulen geführt. Doch er hat sich auch mit medizinischen, landwirtschaftlichen, politischen, philosophischen und spirituellen Themen auseinander gesetzt. Ein kurzer Abriss seines Lebens soll Ihnen den Zugang zu seinem gedanklichen Universum erleichtern:

Rudolf Steiner wurde in Österreich als Kind nicht allzu begüterter Eltern geboren. (Sein Vater war Angestellter bei der Eisenbahn.) Diese konnten ihrem Sohn nur unter großen Opfern ein Studium ermöglichen. Steiner, frühreif, mit lebhafter Intelligenz und einem wachen Interesse an allem Wissenswertem begabt, erkannte schon früh, dass er nicht so war wie andere Kinder. Eines Tages, als er am Bahnhof darauf wartete, dass der Vater seine Schicht beenden möge, erschien plötzlich eine seiner Tanten und erzählte ihm allerlei merkwürdige Dinge. Sie sah ganz normal aus, doch schon am nächsten Tag erfuhr der Junge, dass die Frau in ebenjenem Moment, als sie ihm auf dem Bahnhof erschien, unerwartet das Zeitliche gesegnet hatte. Von diesem Augenblick an waren die Welt des Sichtbaren und die Welt des Unsichtbaren für Steiner eins.

Rudolf Steiner erhielt eine gründliche Ausbildung sowohl in wissenschaftlicher als auch in literarischer und philosophischer Hinsicht. Daher war es weiter kein Wunder, dass er bald gebeten wurde, bei der Herausgabe der gesammelten Werke eines anderen Universalgelehrten zu helfen. So wurde er zum glühenden Bewunderer von Johann Wolfgang von Goethe. Steiner widmete sich als Herausgeber vor allem Goethes naturwissenschaftlichen Werken. Später wurde er zum Anhänger der Theosophie Madame Blavatskys, die zu jener Zeit großes Interesse weckte. Er wurde sogar zum Generalsekretär ihrer deutschen Abteilung. Mit der Zeit allerdings distanzierte er sich immer mehr vom theosophischen Kreis, um eine eigene geistige Schule zu gründen, die er *Anthroposophie* nannte. Dafür verantwortlich war eine grundlegende Meinungsverschiedenheit im Hinblick auf die Integration östlicher Weisheitslehren. Blavatskys Theosophie beruhte fast ausschließlich auf östlicher Mystik, Steiner hingegen bezog sich stärker auf die westlichen Traditionen, vor allem auf die Figur Christi, die für die Theosophen wiederum keinerlei Bedeutung hatte.

Steiner ließ sich in Dornach bei Basel nieder, wo er ein gewaltiges, von ihm selbst entworfenes Gebäude errichtete, das er zu Ehren des von ihm so geschätzten Dichters *Goetheanum* nannte. Dort ist auch heute noch der Hauptsitz der anthroposophischen Bewegung, an dem Kurse über das Steinersche Werk und Denken abgehalten werden.

Rudolf Steiner schrieb viel und wusste seine Schriften auch gut zu vermarkten. Seine Schriften fußen ebenso auf seinen ausgedehnten philosophischen, literarischen und wissenschaftlichen Kenntnissen wie auch auf der spontanen und natürlichen Schau, die ihm Dinge enthüllte, welche den meisten wohl verborgen bleiben. Wie exakt seine Visionen waren, lässt sich allein der Tatsache entnehmen, dass viele seiner Lehren in Pädagogik, Medizin und Landwirtschaft heute mit Erfolg praktisch angewandt werden.

Eines seiner originellsten Werke ist wohl *Geistige Hierarchien*, in dem sich Steiner dem Problem der menschlichen Entwicklung zuwendet, die uns auf »immer höhere Stufen der Erkenntnis und des Willens« führt. Bei diesem Aufstieg, so meint er, kämen wir Gott und der spirituellen Welt immer näher. »Wir entwickeln uns zu etwas hinauf, was uns noch verschleiert ist, zur Gottheit hin.«

Doch damit die Entwicklung der Welt überhaupt geschehen kann, so der Philosoph weiter, müsse erst etwas ganz Grundlegendes gegeben sein: »Wir kommen hier an ein Gebiet, welches immer schwer verständlich war für die Menschen, selbst für diejenigen, die zu einem gewissen Grade in der Mysterienweisheit fortgeschritten waren. Aber man hat es in den alten Mysterien verständlich zu machen gesucht durch das Folgende. Auf einer gewissen Stufe der Mysterien-Einweihung in den alten Mysterien wurde der Einzuweihende geführt vor feindliche Gewalten, die äußerlich grausam, schrecklich aussahen und die auch grauenhafte Taten vollbrachten vor den Augen des Einzuweihenden. Und diejenigen, die das vollbrachten, das waren keine anderen als maskierte Priester, maskierte Weise. Es hatten sich, um die nötigen Versuchungen herbeizuführen, Priester vermummen müssen in grauenvolle Dämonengestalten, in grauenvolle Wesenheiten, die Entsetzliches vollbrachten, scheußlichere Dinge vollbrachten, als jemals Menschen erfinden könnten. Was lag da zugrunde? Um dem Einzuweihenden zu zeigen, wie stark die Entwicklung abirren kann von dem geraden Weg, führte man ihm den Initiierten Selber, den Priester in der Maske des Übeltäters, in der Maske des Bösen vor. Er sollte die Illusion haben, dass Böses hier vor ihm stünde, und erst, wenn die Demaskierung eintrat, da sah er die Wahrheit. Da war die Illusion von ihm genommen, da sah er, dass es sich um eine Prüfung handelte. Um ihn stark zu machen und ihn zu wappnen gegen das Böse, wurde es ihm in seiner abschreckendsten Gestalt vorgeführt, vorgeführt gerade von den Priesterweisen, die natürlich in Wahrheit nicht abirrten. Das war nur eine Abspiegelung dessen, was in der kosmischen Entwicklung sich wirklich vollzogen hat.«

Hier nun wird Steiner deutlicher und berichtet von dem »Fall«, wie er sich in einer seiner Visionen zeigte: »In der Zwischenzeit zwischen der Jupiter- und der Marsentwicklung[4] wurde, wenn ich mich trivial ausdrücken darf, eine Anzahl von Wesenheiten aus der Sphäre der Mächte[5] abkommandiert; sie wurden so in den Entwicklungsgang hineingestellt, dass sie, statt die Entwicklung vorwärts zu führen, ihr Hemmnisse in den Weg rückten. Das ist es, was wir als den Streit am Himmel kennen gelernt haben ... denn es mussten sich die regierenden Weltenmächte der Hierarchien sagen: ›Niemals würde dasjenige entstehen können, was entstehen soll, wenn der Weg gerade fortginge. Es muss Größeres entstehen.‹«

Dann fährt Steiner fort: »Denken Sie einmal, Sie haben einen Karren zu schieben. Dadurch, dass Sie ihn vorwärts schieben, entwickeln sich Ihre Kräfte in gewisser Weise. Wenn man den Karren nun belädt mit einem schweren Ballast, dann müssen Sie schwerer schieben, aber dafür entwickeln sich Ihre Kräfte stärker ... gewiss, die Menschen hätten sich gut entwickeln können: Aber noch stärker konnte die Menschheit werden, wenn man ihr Entwicklungshemmnisse in den Weg legte. Zum Wohle der Menschheit musste man gewisse Mächte abkommandieren. Diese Mächte wurden zunächst nicht böse, man braucht sie nicht als böse Mächte aufzufassen, sondern man kann sogar sagen, dass sie sich geopfert haben, indem sie sich der Entwicklung hemmend in den Weg stellten. Diese Mächte kann man daher nennen die Götter der Hindernisse, im umfassenden Sinne des Wortes. Sie sind die Götter der Hemmnisse, der Hindernisse, die der Entwicklungsbahn in den Weg gelegt worden sind; ... Diese Mächte, die abkommandiert waren, ... waren die großen Förderer der Entwicklung, indem sie Sturm liefen gegen die normale Entwicklung ... der Entwicklungsweg dieser ›abkommandierten‹ Mächte gestaltete sich

---

[4] Rudolf Steiner bezeichnete die verschiedenen Entwicklungsschritte des Menschen mit den Namen der Planeten. Näheres dazu finden Sie in Steiners Werken, vor allem in *Geistige Hierarchien*.

[5] Die Engel sind in einzelne »Ordnungen« unterteilt. Die »Mächte« sind eine besonders hoch stehende Gruppe. Aufsteigend geordnet sind hier zu nennen: Engel, Erzengel, Fürstentümer, Herrschaften, Mächte, Kräfte, Cherubim, Serafim und Throne.

naturgemäß ganz anders als der ihrer Brüder. Ihr Wirken war ein ganz verschiedenes, und die Folge davon war, dass diese Mächte … in gewisser Beziehung die Verführer derjenigen Wesenheiten wurden, die wir die Engel nennen.«

Und so geschah es. Daraus entstand der »Streit im Himmel«, bei dem ein gewisser Teil der Engelwesen sich »sozusagen den Mächten, die da unten in die Hemmnisse hineinwarfen in die Entwicklung« entriss.

Und weiter schreibt Steiner: »So sehen wir, dass in einer gewissen Beziehung erst dadurch, dass die Mächte abkommandiert wurden, dem Menschen die Möglichkeit gegeben wurde, aus sich selbst heraus das Ziel zu erreichen …«

Was diese Kräfte oder »die gefallenen Engel« betrifft, so meint Steiner, dass sie voll und ganz dem göttlichen Willen folgen: »Indem sie sich zu Dienern des Bösen machen, vollziehen sie nur den Willen der Gottheit, die durch den Umweg des Bösen das starke Gute entwickeln will.« Das Böse bzw. – wie Rudolf Steiner sagt – das »verborgene Gute« hat also nur einen Zweck: Es soll von uns erkannt werden, damit wir es überwinden können. Auf diese Weise erstarken unsere geistigen Flügel.

Die »Hochzeit von Himmel und Hölle« bei William Blake

Besonders beeindruckend ist auch William Blakes Sicht des Problems von Gut und Böse.

William Blake (1757–1827) stammte aus bescheidenen Verhältnissen. Alles, was er wusste, hatte er sich selbst beigebracht und war so zum Dichter, Maler und Kupferstecher geworden. Er wurde in London geboren, wo er auch – mit wenigen Ausnahmen – bis an sein Lebensende blieb. Schon in jungen Jahren zeigte sich sein dem Mystischen zugewandter Geist. Seine Visionen hielt er in Zeichnungen und Gedichten fest, wobei er große Freiheit im Ausdruck erlangte.

Er schrieb quasi »automatisch«. Tatsächlich lässt er uns zu seinem Gedicht »Jerusalem« wissen: »Ich habe dieses Gedicht wie unter Diktat geschrieben, manchmal 12, manchmal 20 oder 30 Verse am Stück, ohne über seinen Gegenstand je nachgedacht zu haben, ja fast gegen meinen Willen. Ich war nur der Schreiber: die wahren Dichter leben in der Ewigkeit.«

Auch seine Zeichnungen und Bilder seien nichts anderes als Kopien dessen, was bis ins kleinste Detail vor seinem inneren Auge erscheine.

Blake war religiös, wenn auch nicht auf konventionelle Weise. Er versuchte ständig, vorgegebene Strukturen zu zerbrechen und über die Moralvorstellungen seiner Zeit hinauszugehen. Das Werk, in dem sich die Spannung zwischen diesen Polen am deutlichsten zeigt, ist zweifellos *The Marriage of Heaven and Hell* (Die Hochzeit von Himmel und Hölle, 1792), in dem er die Idee des Guten und des Bösen völlig neu formulierte und dabei den Vorstellungen Rudolf Steiners nahe kam. Das Böse wird von Blake als die Kraft des Aktiven interpretiert, Satan ist für ihn die Personifikation von Energie und Willenskraft. »Ohne Gegensätze gibt es keinen Fortschritt«, hält der Dichter zu Anfang seines Traktates fest. Und fährt dann fort: »Anziehung und Abstoßung, Vernunft und Energie, Liebe und Hass sind für die menschliche Existenz gleichermaßen vonnöten. Aus diesen Gegensatzpaaren entsteht, was religiöse Menschen das Gute und das Böse nennen. Das Gute ist die passive Kraft, die der Vernunft gehorcht. Das Böse hingegen ist das Aktive, das aus der Energie erwächst. Das Gute gehört zum Himmel, das Böse zur Hölle.«

Blake führt die »Irrtümer« auf, die seiner Ansicht nach allen heiligen Texten gemeinsam sind: Diese gehen davon aus, dass der Mensch »zwei Existenzprinzipien habe, nämlich den Körper und die Seele, und dass die Energie, genannt das Böse, vom Körper ausgehe, während das Gute einzig von der Seele komme. Und nicht zuletzt, dass Gott den Menschen in der Ewigkeit dafür bestrafen wird, dass er seinen Energien folgte.«

Auch wenn Blake dies nicht ausspricht, so gibt er doch deutlich zu verstehen, dass die so genannte Erbsünde letztlich nur darin bestanden habe, dass der Mensch »seinen Energien gefolgt« sei. Auf diese Weise habe er sich auf den Weg der Entwicklung und des Wachstums begeben. Gut

Das Symbol von Yin und Yang.

und Böse hängen für Blake daher eng zusammen. Das eine ist nicht ohne das andere denkbar. In die östliche Begriffswelt gekleidet, die uns heute so vertraut ist, wären diese Energien nichts anderes als die Kräfte von Yin und Yang des chinesischen Denkens, deren Zusammenspiel ebenfalls auf Harmonie und Abwechslung beruht. In der Natur und im Menschen wechseln die Energien einander ständig ab, alles aber strebt der Harmonie und dem Ausgleich zu: kalt-warm, Licht-Dunkel und so weiter. Yin ist die Trägheit (Erde, Nacht, Dunkelheit, Winter, Kälte, Feuchtigkeit, Inneres, Frau, Ruhe), während Yang für die Aktion steht (Himmel, Licht, Sommer, Wärme, Trockenheit, Äußeres, Mann, Arbeit). Diese zwei Pole sind für die Chinesen aber nicht Ausdruck eines grundsätzlichen kosmischen Dualismus und werden daher auch nicht moralisch bewertet. Es geht dabei vielmehr um zwei Aspekte der Wirklichkeit und der Natur. Beide gehen ununterbrochen aus ihrem Gegenteil hervor: Die Nacht gebiert den Tag, der Winter den Sommer, und Weiß kann nur weiß erscheinen, weil es die Farbe Schwarz gibt. Und damit sind wir nicht mehr weit von dem entfernt, was Blake, der mit einiger Sicherheit dieses chinesische Konzept nicht kannte, über aktive und passive Kräfte, Vernunft und Energie, Liebe und Hass schrieb.

Seine Wahrheit, die den vorher aufgezählten Irrtümern entgegensteht, beschreibt Blake so: »Des Menschen Körper ist von seiner Seele nicht getrennt; denn das, was wir Körper nennen, ist nur ein Teil der Seele, der mit den fünf Sinnen ausgestattet ist, die heute Augen der Seele sind. Die Energie ist das Leben selbst. Sie geht vom Körper aus, der Verstand ist die äußere Grenze der Energie. Diese Energie ist ewige Freude.«

Die Theorie Blakes, dass das »Böse« die Kraft des Aktiven und Satan die Personifikation von Energie und Willenskraft sei, drückt sich auch in den »Höllensprüchen« aus, die Teil der *Hochzeit von Himmel und Hölle* sind. Hier ein paar Beispiele:

Kein Vogel fliegt zu hoch hinauf, wenn er sich auf die eigenen Flügel verlässt.
Die Straße des Überflusses führt in den Palast der Weisheit.
Wer wünscht, ohne zu handeln, nährt damit die Fäulnis.
Die Vorsicht ist eine reiche, hässliche Vettel, die vom Unvermögen hofiert wird.
Besser du erwürgst ein Kind in der Wiege, als im Herzen Wünsche zu tragen, die du nicht ausgeführt hast.
Überfluss ist Schönheit.

Was Blake hier mit aller Kraft versucht, ist, unsere Wahrnehmungsmuster zu sprengen, damit wir begreifen, dass alles Harmonie ist, jenseits von Gegensätzen, jenseits von allem, was als Gegensatz erscheinen könnte: »Wenn die Pforten der Wahrnehmung gereinigt würden, erschiene dem Menschen alles, wie es ist: unendlich.« Doch der Mensch, so der Visionär William Blake, »hat sich in sich selbst verschlossen und blickt nur durch die schmalen Ritzen seiner Höhle.«

Johann Gottfried Herder und der betrogene Adam

In der europäischen und deutschen Geistesgeschichte nimmt der Philosoph und Literat Johann Gottfried Herder eine besondere Stellung ein. Seine Werke sind dem breiten Publikum heute leider meist unbekannt, auch wenn er erheblichen Einfluss auf die Bewegung des Sturm und Drang, auf die Romantik und ihre historistischen Strömungen ausgeübt hat. Auch seine Wirkung auf den jungen Goethe kann nicht hoch genug eingeschätzt werden.

Seine wichtigsten Bücher (darunter eine Studie über das Volkslied *Stimmen der Völker in Liedern*) verfasste Herder in Weimar, an jenem kleinen Hof, der zwischen dem Ende des 18. und dem Beginn des 19. Jahrhunderts zum Zentrum der deutschen Kultur wurde. Dort lebten Goethe, Schiller und Jean Paul. Dort kam – auf Drängen Goethes, der ihn in seinen Jahren an der Universität Straßburg kennen und schätzen gelernt hatte – 1776 auch Herder an. Er wurde Hofprediger und Generalsuperintendent der evangelischen Kirche im Herzogtum.

Doch das geistige Unterfangen Herders, das uns hier am meisten interessiert, ist die Interpretation der Bibel, die er in *Älteste Urkunde des Menschengeschlechts* unternimmt. Gegen Ende des 18. Jahrhunderts war die Bibel tatsächlich das älteste Dokument, das der Menschheit überliefert war. Damals waren weder die ägyptischen Hieroglyphen noch die babylonische Keilschrift entziffert. In seiner brillanten Studie analysiert Herder vor allem die Schöpfungsgeschichte. Im Hinblick auf Adam schreibt er: »Adam musste fallen! So war es im Geiste des Schöpfers vorgesehen … Wie sollten wir uns einen Gott vorstellen, den Schöpfer des ganzen Menschengeschlechtes, der das irdische Schicksal seiner Kreatur nicht kannte? Der von dem Drang, den er ihm eingegeben hatte, nichts wusste? Vermögen wir uns einen Gott auszumalen, der Evas Veranlagung nicht kannte, der nicht vorhergesehen hätte, wie sie sich verhalten würde? Welch ein Gott, welch ein Künstler wäre das! ... Gott hatte nicht nur die Sünde Adams vorausgesehen, er hatte auch in Adam und Eva das ewige Heil der Menschheit angelegt.«

Herder zufolge war Adams Fall also alles andere als überraschend. Gott musste einfach wissen, wie das erste Menschenpaar auf die Versuchung reagieren würde. Wie Steiner und Blake geht Herder sogar davon aus, dass all das einem vorherbestimmten Zweck diente und dass die Freiheit, die der Herr Adam geschenkt hatte, nur eine trügerische Gabe, eine Illusion war.

So wendet sich Herder an den ersten Menschen und fragt ihn: »Lieber Adam, warst du denn nicht frei?« Und Adam antwortete: »Frei? Leider haben wir uns die Freiheit genommen und sind zu Sklaven unserer Lüste geworden, zu Dienern unserer Sinne: ist das vielleicht Freiheit? Nein, damit war die Freiheit endgültig verloren! Freiheit lag im Gebot Gottes, das uns selige Ruhe brachte. So lange ich Gott nahe war, war ich frei, groß, mächtig ...« »Mein lieber Ahn«, meint Herder im Zwiegespräch, »du wurdest betrogen, und zwar nicht von der Schlange, nicht vom Weib, sondern – erzittere nicht – von Gott selbst, der die Schlange schickte, um dich auf den falschen Weg zu locken. Siehst du denn deinen sterblichen Leib nicht? Du musstest sterben, weil du aus Erde geschaffen bist. Du warst niemals für die Unsterblichkeit vorgesehen.«

Was geschah, so der deutsche Theologe und Philosoph, musste geschehen, damit Adam und Eva, die Embryonen der Schöpfung, die im mütterlichen Leib des Garten Edens lebten, diesen verlassen und in die Freiheit hinausziehen konnten. Der Baum der Erkenntnis und die verführerische Schlange (die, weil sie sich regelmäßig häutet, auch Symbol der Transformation ist) sollten die Entwicklung des ersten Menschenpaares vorantreiben: Hätten sie Gut und Böse nicht unterscheiden gelernt, was nur durch »Betrug«, den angeblich freien Willen, geschehen konnte, wären Adam und Eva immer auf der Stufe von unterentwickelten Urmenschen stehen geblieben. So schließt Herder: »Der Schöpfer weiß, dass es ohne Schatten kein Licht gibt, ohne Opfer keine hohen Ziele erreicht werden, ohne Leiden das höchste Gut niemals unser wird.«[6]

---

[6] Siehe: *J. G. Herder: Sämtliche Werke*, VII. Hildesheim 1967, S. 122 ff.

4

Der gefallene Engel beim »Schreiber Gottes«

Nicht selten finden sich kostbare literarische Perlen zu dem Thema, das uns hier beschäftigt, wenn wir die »Seitenpfade« in der Welt des gedruckten Wortes beschreiten. Zu diesen Perlen zählt ganz sicher das Werk Jakob Lorbers. Der bescheidene österreichische Musiker gab vor etwa 150 Jahren seine ganz eigene Darstellung von Luzifers Fall: eine Interpretation, die uns überraschende Einsichten in den Sinn unseres irdischen Daseins und unserer letztendlichen Bestimmung vermitteln kann. Für ein besseres Verständnis seiner Schriften empfiehlt sich, zunächst einen Blick auf die Persönlichkeit Jakob Lorbers zu werfen.

Jakob Lorber (1800–1864) wurde in Graz geboren, wo er sein ganzes Leben verbrachte. Er studierte Musik, vor allem Geige, und eines Tages wurde ihm eine – für ihn sehr verlockende – Stelle als zweiter Kapellmeister angeboten. In diesem Moment geschah etwas, das sein Leben für immer verändern sollte. Am 15. März 1840 nahm Lorber eine Stimme wahr, die – wie er selbst sagt – »aus der Herzgegend« kam und ihm einen ganz klaren Befehl erteilte: »Nimm deine Feder und schreibe!« Lorber, der an jenem Tag in Triest hätte Bescheid geben müssen, ob er die Stelle nun antreten wolle, gehorchte: Als er schließlich niedergeschrieben hatte, was die Stimme ihm einen Tag lang diktierte, begriff er, dass ihm sozusagen »von oben« eine höhere Aufgabe zugedacht war. Also verzichtete er auf die Anstellung, die ihm so viel bedeutet hatte, da sie die Krönung eines entbehrungsreichen Lebens voll harter Arbeit gewesen wäre, und widmete sich ganz seiner neuen Mission. Das Wenige, das er zum Leben brauchte, verdiente er sich, indem er ein billiges Zimmer nahm und Musikstunden gab.

In den 24 Jahren, die nun noch vor ihm lagen, schrieb Jakob Lorber viele Stunden täglich getreulich auf, was die Stimme ihm diktierte. Die Manuskripte wurden ohne jede Veränderung nach seinem Tod in Druck gegeben. Es stellte sich heraus, dass sie einen Umfang von mehr als 10 000 Druckseiten hatten.

Die Schriften Jakob Lorbers umfassen einen wissenschaftlichen sowie einen philosophisch-religiösen Teil. In den wissenschaftlichen Texten finden sich Beschreibungen von Zusammenhängen, die über den Wissenshorizont der damaligen Zeit hinausgingen. Es macht den Eindruck, als wären diese Informationen speziell zu dem Zweck übermittelt worden, um zu zeigen, dass diese Zeilen nicht dem menschlichen, sondern dem göttlichem Geist entsprungen waren. Mehr als eineinhalb Jahrhunderte, nachdem die Stimme ihre Ausführungen über Elementarteilchen, Atome, Astronomie, Evolution und Ähnliches diktiert hatte, zeigt sich, dass diese nicht nur nachvollziehbar sind, sondern sich auch noch mit heutigen Erkenntnissen decken. Im 18. Jahrhundert aber konnten solche Botschaften unmöglich richtig eingeordnet werden. Was eine weitere Aussage unterstreicht, die sich in den Schriften Lorbers findet, nämlich dass seine Aufzeichnungen für den Menschen des 20. Jahrhunderts bestimmt seien.

Dass sich seine Beschreibungen wissenschaftlicher Sachverhalte so häufig als wahr erwiesen haben, legt den Schluss nahe, dass dies auch für seine Ausführungen zu Religion und Philosophie gilt. Jakob Lorbers Werk, der von Zeitgenossen und Nachgeborenen der »Schreiber Gottes« genannt wird, bezeichnet man als *Neuoffenbarung*. Sie beschreibt den Ursprung des Universums, enthüllt den verborgenen Sinn der Heiligen Schrift und den großartigen göttlichen Heilsplan für den Menschen. In diesem wiederum spielt der Sturz Luzifers und seiner Engel eine entscheidende Rolle. Alle Manuskripte Lorbers sind in der ersten Person geschrieben, so als habe Gott selbst Lorber in die Feder diktiert.

Der Teil, der für unsere Fragestellung von Belang ist, beginnt mit den Offenbarungen der Gottheit, wie sie zu Anbeginn der Zeit ihren schöpferischen Geist manifestieren wollte: »Ich will Meine Ideen aus mir herausstellen, damit Ich an diesen erschaue, was Meine Kräfte vermögen ... In Mir ruhet alle Kraft der Ewigkeiten; also schaffen Wir ein Wesen, das ausgerüstet sei mit aller Kraft gleich Mir Selbst, jedoch so, dass es in sich trage die Eigenschaften, an denen Ich Mich Selbst erkennen kann.« Dann fährt der Schreiber Gottes fort: »Und es ward ein Geist erschaffen, der ausgerüstet wurde mit aller Kraft aus Mir, Meine in Mir ruhenden Kräfte beschaulich der Gottheit vorzuführen. Wenn ich euch nun sage, dass dieser erstgeschaffene Geist ›Luzifer‹ (das heißt ›Lichtträger‹) hieß, so werdet ihr jetzt auch begreifen, warum er so und nicht anders hieß. Er trug in sich das Licht der Erkenntnis ... Er, ausgerüstet mit Meiner völligen Macht, rief nun andere Wesen ins Leben, die völlig ihm ähnlich waren, auch die Gottheit in sich empfanden und dasselbe Licht der Erkenntnis in sich erbrennen sahen wie er, ebenfalls selbstschöpferisch auftraten und ausgerüstet wurden mit aller Kraft Meines Geistes.«

Und dies sagt uns Jakob Lorber über Luzifers Verblendung, die schließlich zu seinem Sturz führte: »Luzifer ... verfiel in den Irrtum, als geschaffenes und damit endliches Wesen die Unendlichkeit in sich aufnehmen zu können ... Wie nun das endliche Wesen aber niemals die Unendlichkeit begreifen kann und wird und daher in diesem Punkte stets leicht in Irrümer verfallen ... kann, so versank trotz aller Wahnungen Luzifer dennoch in den Wahn, die Gottheit aufnehmen und gefangen nehmen zu können. Damit verließ er den gerechten Standpunkt, entfernte sich aus dem Mittelpunkt Meines Herzens und verfiel stets mehr und mehr in den falschen Wunsch, seine Geschöpfe, die durch ihn, aber aus Mir entstanden waren, um sich zu versammeln und die mit Wesen aller Art bevölkerten Räume zu beherrschen. Es entstand nun ein Zwiespalt, das ist eine Trennung der Parteien, der schließlich dazu führte, dass die Luzifer gegebene Macht von Mir zurückgezogen und er mit seinem Anhange machtlos und der Schaffenskraft beraubt wurde.«

Aus dieser Himmelsschlacht aber entstand der große Heilsplan, den die Gottheit für den Menschen hegt und der – den Visionen Jakob Lorbers zufolge – das menschliche Leben überhaupt erst entstehen ließ: »Es entstand naturgemäß die Frage: Was soll nun mit diesem Heere der Gefallenen und wie tot, das heißt untätig Erscheinenden geschehen? Es ergaben sich da nur zwei Wege. Der erste Weg war: Luzifer mit seinem Anhang zu vernichten, um sodann einen Zweiten zu schaffen, der wahrscheinlich demselben Irrtum unterworfen gewesen wäre ... Maschinen zu schaffen, die willenlos ausführen, was Ich befehle, war keine Schwierigkeit.«

Doch wenn wir der *Neuoffenbarung* glauben wollen, hat Gott einen anderen Weg für uns gewählt, der von Liebe und Gerechtigkeit gezeichnet ist. Er hat dem gefallenen Engel die Tür geöffnet, damit er freiwillig zurückkehren kann, sobald er dies will. Und hier nimmt auch das Schicksal des Menschengeschlechts seinen Anfang. »Um aber das Licht der Selbsterkenntnis zu erringen, war der bisherige Weg der einzige ... Wodurch hätte Luzifer, dessen Fall nur durch Irrtum geschehen war, folglich also die Möglichkeit des Ablegens des Irrtums einschließt, dieses verdient? ... Und schließlich: Wo bliebe meine Weisheit, wenn Ich nicht von Anbeginn die Möglichkeit eines Abfalles erkannt und vorhergesehen hätte? Und vor allen Dingen: Wo bliebe meine Liebe, wenn diese nicht von einer Vernichtung abgesehen hätte, vielmehr Mittel durch die Weisheit fände, die verlorenen Wesen zum Lichte der Erkenntnis zurückzuführen, damit sie also in dem gerechten Gleichgewicht der polaren Eigenschaften verbleiben? Es blieb also nur der zweite Weg übrig, den ihr in der materiellen Schöpfung vor euch habt.«

Um die komplexen Zusammenhänge der Schöpfung des materiellen Universums zu verdeutlichen, die Gott wollte, eben weil Luzifer gesündigt hatte, wählt die Stimme ein bildhaftes Beispiel: »Ein Kristall, wenn auskristallisiert, kann in seiner Wesenheit nicht mehr geändert werden und kristallisiert entweder als Rhomboeder oder Hexaeder, Oktaeder und so weiter, je nachdem, welche Form seinem Charakter, das heißt der Anhäufung der Partikel um seinen Lebensmittelpunkt entspricht. Soll da nun eine Änderung geschaffen werden, weil die Kristalle nicht ganz rein ausgefallen sind, so müssen dieselben durch Wärme (Liebe) aufgelöst werden, um sodann beim Erkalten des warmen Liebewassers, das gleich bedeutend ist dem Freigeben ihres Willens, von neuem auszukristallisieren. Nun bilden sich wieder neue, schöne Kristalle, und jeder vorsichtige Chemiker wird es verstehen, möglichst schöne, klare und große Kristalle zu erzielen, die seinen Zwecken entsprechen.« Und dann enthüllt uns die Stimme all ihre Macht: »Sehet, so ein Chemiker bin Ich! Ich löste die unrein gewordenen Kristalle (Luzifer und seinen Anhang) auf ... und ließ diese Seelen nun wieder neu auskristallisieren, damit sie klar würden. Dass das durch Aufsteigen durch das Mineralreich und das Pflanzenreich bis zum Menschen geschieht, ist euch bekannt. Da die Seele des Luzifer jedoch die gesamte materielle Schöpfung umschließt, so muss auch diese sich in der Form des Menschen ausdrücken.«

»Hierzu wurde nun die materielle Welt oder das ganze Universum oder der Schöpfungsmensch gegründet ... In ihm wurden die Geister nach dem Grad ihrer Böswilligkeit in die Materie eingehüllt, Kämpfen, Versuchungen und Leiden ausgesetzt; erstens, um sie nach und nach zur Einsicht ihrer eigenen Fehler durch die auf sie einwirkenden Verhältnisse zu bringen, und zweitens auf diese Art ihre *freiwillige* Rückkehr selbst einzuleiten ... Überall ist das Prinzip der Freiheit als erstes, und das Prinzip der Vervollkommnung als zweites ...«

Worauf die Stimme Jakob Lorber, dem Propheten von Graz, die daraus zu ziehenden Schlussfolgerungen mitteilte: »Sehet, was Ich eines einzigen, hochmütigen Engels wegen tue! Ich sage euch, es wäre nie eine Erde noch Sonne, noch irgendetwas Materielles erschaffen worden, wäre dieser Einzige demütig geblieben … In dem Wachsen meiner zahllosen unvollendeten Kinder, in ihrem zunehmenden Erkennen und Vollkommenerwerden und in ihrer daraus erwachsenden Tätigkeit liegt auch Meine höchste Seligkeit. Ihre Freude über eine mühsam errungene, vollendetere Fähigkeit ist auch Meine Freude.«

Mit diesen Worten also entlässt uns die Stimme und legt uns eine Sicht der Welt nahe, die sich wohl so zusammenfassen ließe: Die Schöpfung entstand erst durch den Fall Luzifers, und sie ist der Ort, an dem der Mensch reifen kann, an der ein »winziger Teil der großen Seele Luzifers« seine freiwillige Rückkehr zu Gott vollziehen kann.

Doch die Stimme diktierte Jakob Lorber noch weitere Enthüllungen über den aufständischen Engel, und zwar an der Stelle, an der sie das Gleichnis vom verlorenen Sohn erläutert. Dort lesen wir: »Es gibt wohl in der Heiligen Schrift keinen Vers und kein Kapitel, das Größeres in sich fassen möchte, als das Gleichnis vom verlorenen Sohn … In dem Namen ›Luzifer‹ steckt nämlich das ganze, für euch ewig unerfassliche und end-

Jacopo Robusti, genannt Tintoretto (1518–1594): *Die Erbsünde.*

38

lose Kompendium des verlorenen Sohnes. Denkt euch, dass beinahe die gesamte gegenwärtige Menschheit nichts als Glieder dieses einen ›verlorenen Sohnes‹ ist, und zwar namentlich diejenigen Menschen, welche aus Adams ungesegneter Linie abstammen … Unter dem ›verlorenen Sohn‹ wird also jeder einzelne Mensch für sich verstanden … In einem jeden einzelnen Menschen, der nach Meinem Wort lebt und wieder geboren wird durch das Wort und durch die Erlösung, wird dieser Verlorene (das heißt ein Wesensteil von ihm) wieder gefunden und in das große Vaterhaus zurückkehren.«

Lorber empfing auch Aufschlüsse über den göttlichen Willen, alle Menschen auf dem Weg der Materie in das Haus des Vaters zurückzugeleiten, auch wenn dies unendlich lange dauern mag. Dann wird die Zeit kommen, »wo keine materielle Sonne und keine materielle Erde mehr kreisen werden im endlosen Raum, sondern überall wird eine überherrliche, neue geistige Schöpfung mit seligen freien Wesen den endlosen Raum erfüllen, und Ich werde ewig gleichfort aller Wesen Gott und Vater sein von Ewigkeit zu Ewigkeit. Und dieses allerseligsten Zustands wird fürderhin nimmer ein Ende sein. Es wird da sein eine Herde, ein Schafstall und ein Hirte.« Dann fährt die Stimme fort: »Wann aber dieses alles so wird, nach der Zahl der Erdenjahre, kann nimmer bestimmt werden. Und würde Ich die Zahl auch kundtun, so würdest du sie unmöglich fassen können.«

Die materielle Welt ist also das Mittel, mit dem Gott Luzifer und die gefallenen Geister retten wird. Der Weg der Erlösung durch die Materie ist lang und schmerzhaft, doch am Ende führt er uns »nach Hause«. Die Stimme, die Jakob Lorber vernahm, hat dies versprochen. »Jetzt«, so schreibt Lorber in der Neuoffenbarung, »seid ihr erst wie Embryonen im Mutterleib … Ihr waret Geist und werdet wieder Geist werden.«

5

Der Teufel in der Kunst

Der Teufel hat seit jeher einen »guten Draht« zu den schönen Künsten. Die Künstler, die sich mit diesem Thema auseinander setzten, drückten die ganze Bandbreite dessen aus, was die Vorstellung vom Teufel in uns bewirken kann: Achtung, Furcht, das Gefühl der Nichtigkeit angesichts dieser gewaltigen Macht, sei sie nun real oder reines Fantasieprodukt, aber auch Bewunderung, Scherz, die Lust an Spiel und Fopperei. Natürlich ist es an dieser Stelle nicht möglich, einen erschöpfenden Überblick über das Verhältnis der Künstler zum »Fürsten der Finsternis« zu geben, doch sollen Ihnen die folgenden Seiten zumindest einen ersten Einblick verschaffen.

Luzifer und die Musik

Die zweifellos bekannteste Begegnung zwischen einem Künstler und dem Träger des Lichts fand auf dem Feld der Musik statt. In der Geschichte um den *Trillo del Diavolo* (Die Teufelstrillersonate) von Giuseppe Tartini (1692–1770) tritt uns Luzifer selbst als Protagonist entgegen. Und wir bewegen uns hier keineswegs im Reich der bloßen Legende. Tartini selbst berichtet über sein Erlebnis in einem Brief: dort ist der Traum geschildert, den der junge Geiger hatte, während er bei seinem Onkel Giovanni Torre, einem Franziskanermönch, in Assisi weilte.

Ist das nicht wirklich teuflisch: in einem Kloster von Satan zu träumen? Giuseppe Tartini war 22 Jahre alt, als dieses Ereignis geschah. Längst hatte er die Hoffnungen seiner Familie enttäuscht. Statt sich auf die Jagd nach kirchlichen Pfründen zu machen, hatte er geheiratet. Außerdem hatte er den tristen Rock des Rechtsanwalts, den die Eltern für ihn vorgesehen hatten, gegen den bunten des Musikers vertauscht. Zur Strafe hatten die Eltern ihm alle Mittel entzogen. Da er nicht wusste, was er tun sollte, suchte er seinen Onkel auf, der ihn in seiner musikalischen Berufung unterstützte. Giovanni Torre half dem jungen Mann dann tatsächlich, nach

Padua zurückzukehren, wo seine heimlich Angetraute auf ihn wartete, und dort eine Karriere als Musiker einzuschlagen. Während Tartini also im Kloster in der Obhut seines Onkels weilte, hatte er einen merkwürdigen und beunruhigenden Traum: Er sah einen Teufel vor sich, der die Violine strich und diesem Instrument Triller und Seufzer abnötigte, die zu jener Zeit unerhört waren. Der Teufel grinste und spielte eine höllische Musik, die immer leidenschaftlicher und leidenschaftlicher wurde. Als er zu Ende gespielt hatte, legte er die Violine hin und forderte den jungen Tartini auf, es ihm gleichzutun. Tartini erwachte unvermittelt. Bestürzt griff er nach seiner Geige, um das, was der Teufel ihn eben hatte hören lassen, nachzuspielen. Dann setzte er sich hin, um die Noten schriftlich festzuhalten. Er erinnerte sich nicht an alles, doch sein *Trillo del Diavolo* ist ganz sicher ein höchst innovatives Werk, das weit über die Grenzen seiner Zeit hinausging. So verhalf der Teufel der Musik zu neuen Möglichkeiten und dem jungen Komponisten zu Ruhm.

Etwa ein Jahrhundert später scheint der Teufel eine weitere Liaison mit einem Geiger eingegangen zu sein. Niccolò Paganinis legendäre technische Fähigkeiten, sein unglaubliches Virtuosentum machten ihn zum Vater des modernen Geigenspiels, ließen seine Zeitgenossen aber auch raunen, dass er mit dem Teufel im Bunde stehe. Sicher trug sein Erscheinungsbild zu diesen finsteren Verdächtigungen bei. Paganini war groß und mager, seine Augen leuchteten von innerem Feuer. Und er wusste seiner Zaubergeige Töne zu entlocken, die so einzigartig waren, dass sie Publikum und Musikerkollegen gleichermaßen verblüfften. So überzeugt waren seine Zeitgenossen von seinem Ruf als Teufelsanbeter, dass sie ihm, als er 1840 im Alter von 58 Jahren starb, sogar das Begräbnis in geweihter Erde versagten. Erst Jahre später fanden seine sterblichen Überreste endlich in einem Friedhof die ewige Ruhe.

Als Mephisto fand der Teufel Eingang in diverse musikalische Werke: in den *Mephistopheles* von Berlioz zum Beispiel, in die von Arrigo Boito und Gounod, durchweg herausragende Werke, doch nicht vom selben »luziferischen« Zuschnitt wie die Kompositionen von Tartini und Paganini.

Heute spricht man viel vom »satanic rock«, einer Musik, die angeblich satanische Kräfte habe und den Virus des Bösen übertrage. Zweifellos handelt es sich dabei um eine sehr rhythmische und extreme Musik mit teils negativen Texten. Und es steht auch außer Frage, dass obsessive Musik wie diese bei Menschen, die dafür anfällig sind, zu Kurzschlüssen führen kann. Doch darin das Wirken von Satan persönlich zu sehen, ja eine

Form von modernem Satanskult, entbehrt jeglicher Grundlage und ist letztlich unverantwortlich. Solche Behauptungen sind nichts weiter als der dumpfe Ausfluss einer Hexenjäger-Mentalität.

Luzifer in der Literatur

Auch in der Literatur gibt sich Luzifer recht häufig die Ehre. Berühmt ist zum Beispiel die Darstellung von Dante Alighieri, bei dem in allen drei Teilen seiner *Göttlichen Komödie* vom Teufel die Rede ist: in den Gesängen von der Hölle, vom Fegefeuer und vom Paradies. Obwohl Dante christlich getauft und durch und durch Kind seiner Zeit war, konnte er eine gewisse Sympathie für den rebellischen Engel nicht verhehlen. Als er ihn im 34. Gesang der *Hölle* vorführt, versäumt er nicht, zuallererst auf seinen früheren Glanz zu verweisen:

> *Wenn er so schön war, als er hässlich jetzt ist ...*
> (Hölle, XXXIV, 34)

An anderer Stelle bezeichnet er ihn, wie Thomas von Aquin dies in seiner *Summa Theologica* ebenfalls tut, als höchsten und vollkommensten Engel, den Gott geschaffen hat:

> *Vom Himmel niederfallen unter Blitzen*
> *sah ich zur einen Seite den, der edler*
> *geschaffen ward als alle Kreaturen.*
> (Fegefeuer, XII, 25–27)

Und im *Paradies* nennt Dante Luzifer »der Kreaturen höchste«. (Paradies, XIX, 46). In Bezug auf Luzifers Sünde lesen wir an ebendieser Stelle:

> *... dass der erste Stolze,*
> *der doch der Kreaturen höchste war,*
> *aus Ungeduld nach Licht so früh schon fiel.*

So war also Luzifers Sünde nicht nur der Hochmut, auch wenn er der »erste Stolze« unter dem Himmel war. Er sündigte auch, weil er nicht warten konnte. Aber was konnte er nicht erwarten? Vielleicht die Verwirklichung eines Planes, den der Schöpfer für ihn ersonnen hatte. Oder

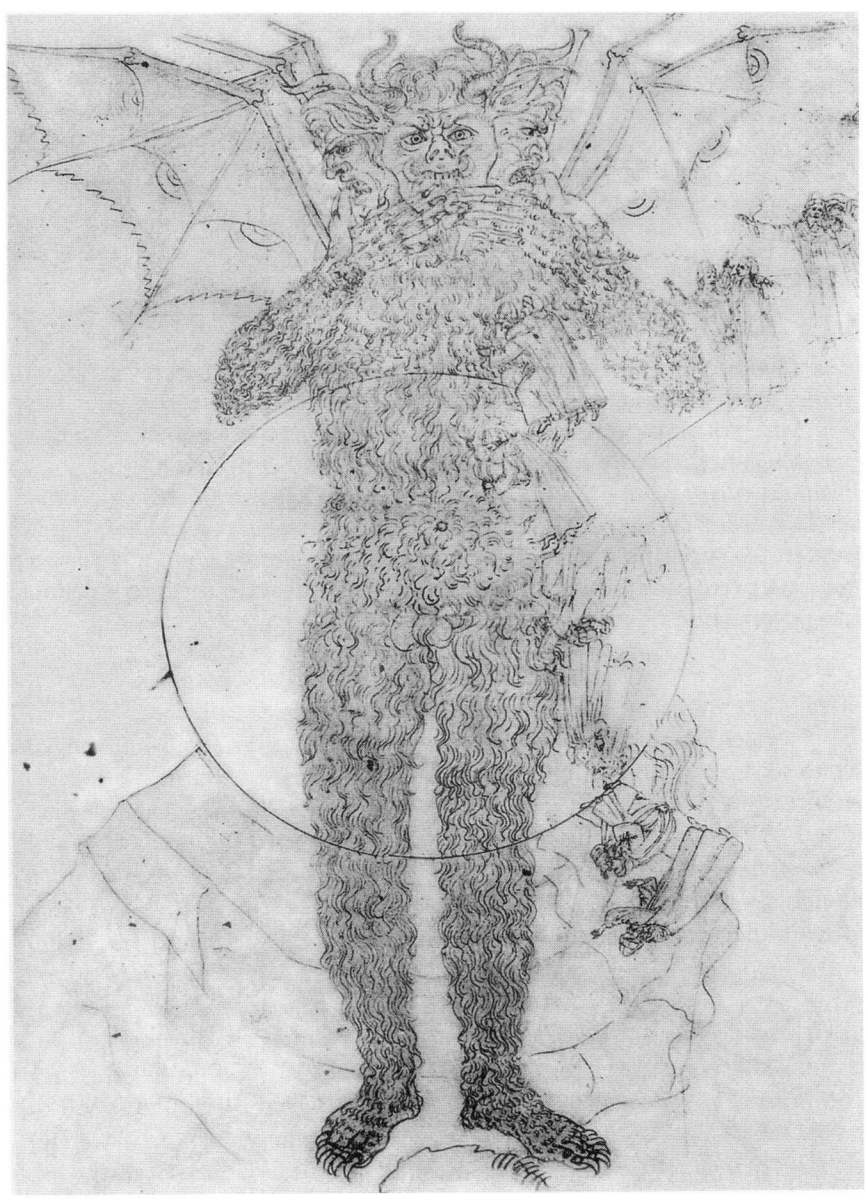

Sandro Botticelli (1445–1510): *Luzifer*. Illustration zu Dantes *Göttlicher Komödie*.

Sandro Botticelli (1445–1510): *Teufel*. Illustration zu Dantes *Göttlicher Komödie*.
Detail.

Gustave Doré: *Die Verdammten*. Illustration zu Dantes *Hölle*.

hätte er sich einfach nur mit der Rolle zufrieden geben sollen, die der Herr ihm zugedacht hatte, ohne nach Höherem zu streben? In jedem Fall, so Dante, fiel er »so früh schon«, das heißt, noch bevor seine Zeit reif war, noch bevor er all den Glanz, all die Talente zeigen konnte, die er besaß.

Und mit dem Fall Luzifers beginnt die Geschichte der Menschheit.

Voll Esprit, elegant und ketzerisch ist hingegen die Beschreibung des Teufels, die uns Niccolò Machiavelli in seiner Satire *Belfagor arcidiavolo* (Der Erzteufel Belfagor) gibt: Die Fakten sind ja weitgehend bekannt: Da die zahlreichen Ehemänner, die in die Hölle kommen, beim Teufel Klage führen, dass eigentlich die Ehefrauen für ihre Verdammung verantwortlich seien, wird Belfagor auf die Erde geschickt, um den Wahrheitsgehalt dieser Anklage zu überprüfen. Er nimmt den Namen Roderigo von Kastilien und die Gestalt eines gut aussehenden, reichen Edelmannes an, und ehelicht zu seinem Unglück eine Frau, in die er unsterblich verliebt ist. Diese edle Dame erweist sich jedoch bald als über alle Maßen hochmütig. Sie behandelt ihn mit äußerster Grausamkeit und ruiniert ihn bald vollkommen. Von seinen Gläubigern verfolgt flieht Belfagor und versteckt sich bei einem Bauern namens Gianmatteo, dem er eine angemessene Belohnung verspricht. Um seine Schuld abzutragen fährt Belfagor in eine junge Frau, die sich von diesem Moment an gebärdet, als sei sie vom Dämon besessen, und allen verkündet, sie würde nur dann wieder »normal« werden, wenn Gianmatteo einen Exorzismus ausführe. Was natürlich sofort geschieht. Der Vater des Mädchens, ein reicher Händler, belohnt den Bauern darauf großzügig.

Um Gianmatteo weiter zu helfen, fährt Belfagor sogar in die Tochter des Königs von Neapel. Wieder führt Gianmatteo den Exorzismus durch und wird sogar noch reicher belohnt als beim ersten Mal. An diesem Punkt der Geschichte beschließt Belfagor, sich zu verabschieden, weil er seine Schuld für beglichen hält. Doch mittlerweile ist Gianmatteos Ruf als Exorzist auch über die Grenzen gedrungen. Belfagor, der sich immer noch auf der Flucht vor seiner Angetrauten befindet, verlässt das Land und fährt in die Tochter des Königs von Frankreich. Dieser lässt natürlich Gianmatteo holen. Als dieser sich weigert, den Dämon auszutreiben, bedroht der König ihn mit dem Tod.

Doch Belfagor weigert sich, den Körper des Mädchens zu verlassen. Er beschimpft Gianmatteo, schreit ihn an, dass er ihm nun nichts mehr schulde und es ihm daher auch völlig gleichgültig sei, ob er gehängt würde. Dem armen Gianmatteo bleibt nichts anderes übrig, als einen geschickten Betrug zu inszenieren, bei dem er Belfagor glauben macht, die edle Dame, seine Gemahlin, sei im Anmarsch. Daraufhin, so Machiavelli, »fuhr dieser erschrocken aus dem Körper des Mädchens aus, sodass sie frei war; und er wollte lieber in die Hölle zurück und dort Rechenschaft über all sein Tun ablegen, als noch einmal die Unannehmlichkeiten, Unbequemlichkeiten und Gefahren des Ehejochs zu erdulden. Und so kehrte Belfagor in die Hölle zurück, um dort Zeugnis abzulegen, welche Übel eine Ehefrau ins Haus bringen konnte. Gianmatteo aber, der ihm über war, wanderte fröhlich in seine Heimat zurück.«

Die Novelle von Belfagor gehört in die Reihe jener Geschichten, in denen der Teufel von den Menschen betrogen wird, die häufig den armen Höllenwesen einen Schritt voraus sind und daher die Oberhand behalten. Nicht minder ketzerisch ist der Bericht über eine negromantische Sitzung zum Zwecke der Teufelsbeschwörung, von der wir im *Leben des Benvenuto Cellini*, der Autobiografie des berühmten Künstlers, der zwischen 1500 und 1571 lebte, lesen. In Kapitel LXIV erzählt der Florentiner, wie er als junger Mann in Rom für den Papst arbeitete und dabei »unter allerlei Ausschweifungen« Freundschaft mit einem sizilianischen Geistlichen schloss, »der von dem erhabensten Geiste war und wohl im Lateinischen und Griechischen erfahren«. Als die beiden eines Tages auf Geisterbeschwörungen zu sprechen kamen, ließ Cellini seinem neuen Freund gegenüber den Wunsch erkennen, »etwas von dieser Kunst zu sehen oder zu spüren«. Der Priester warnte ihn, dass solch ein Unternehmen eine starke, in sich gefestigte Seele fordere, worauf der Künstler antwortete, dass er »Stärke und Sicherheit« wohl zeigen wolle, wenn er seine Interessen befriedigen könne. »Wenn dir am Anschauen solcher Dinge genug ist, so will ich deine Neugierde sättigen!«, sprach der Priester.

So begaben sich Cellini, der Priester und einige andere Mitwirkende eines Abends ins Kolosseum. Der Priester fungierte als Geisterbeschwörer, zeichnete Kreise in den Sand, besprengte alles mit den verschiedensten Duftessenzen, entzündete ein Feuer und führte eineinhalb Stunden lang Rituale und Beschwörungen durch. Danach, so Cellini, sei das Kolosseum voll gewesen. Mit Teufeln natürlich. Von jenem Abend berichtet Benvenuto Cellini nicht sehr viel mehr, auch wenn er noch hinzufügt, dass einige Abende später das gleiche Ritual noch einmal ausgeführt werden musste, um die gewünschten Effekte zu erzielen. »Nun fing der Negromant die schrecklichsten Beschwörungen an«, erzählt Cellini, »er rief bei ihren Namen eine Menge solcher Teufel, die Häupter der Legionen waren, und beschwor sie, im Namen und Gewalt Gottes, des unerschaffenen, lebendigen und ewigen, und das in hebräischen Worten, auch mitunter in genugsamen griechischen und lateinischen, sodass in kurzer Zeit einhundert Mal mehr als bei der ersten Beschwörung erschienen und das ganze Kolosseum sich erfüllte …«

An diesem Punkt bekam auch der Beschwörer selbst Angst und flüsterte seinen Genossen zu, dass die Teufel tausend Mal mehr waren, als er anzurufen gehofft hatte und dass sie deshalb besser fliehen sollten. Alle Teilnehmer wurden von Furcht ergriffen, auch wenn Cellini versuchte, dies nicht zu zeigen.

Da der Priester den Künstler so fest und entschlossen sah, bat er ihn, eine Zaffetica genannte Substanz (Asa foetida) zu versprengen, eine Art Harz, das schrecklich roch und offenkundig geeignet war, Teufel zu vertreiben. Ein junger Mann namens Agniolo versuchte trotz seiner offensichtlichen Angst, Cellini die Zaffetica zu bringen, von der ihrer aller Existenz abhing. In diesem Augenblick passierte ihm ein Malheur: Unvermittelt machte er sich in die Hosen, und zwar auf so heftige und übel riechende Weise, dass – wie Cellini schrieb – »die Kraft der Zaffetica nur gering dagegen war«. Die Anwesenden begannen zu lachen, die Angst legte sich und mit ihr verschwand auch das Heer der Teufel. So gingen nach ihrem Abenteuer alle heiter und munter nach Hause. »… und träumten die folgende Nacht alle von Teufeln.«

Doch waren auch ganze Werke Luzifer gewidmet, so zum Beispiel die Tragödie in Versen *Luzifer*, die der holländische Shakespeare Joost van den Vondel 1654 verfasste, nachdem er zum Katholizismus übergetreten war und mit der lutherischen Welt abrechnen wollte. Darin werden die biblischen Fakten zeitlich gegeneinander verschoben. Bei van den Vondel findet der Fall Luzifers nach der Erschaffung des Menschen statt. – In Wirklichkeit muss es umgekehrt gewesen sein, denn wie wir bereits gesehen haben, wartete die Schlange bereits auf Eva und Adam, als sie von Gott ins Paradies geführt wurden. – Im Drama Vondels erhebt sich Luzifer gegen Gott aus Eifersucht auf den Menschen: Nachdem er sieht, dass Gott die Menschen mehr liebt als die Engel, rebelliert er und tritt auf offenem Feld gegen die Heerscharen Michaels an. Der Kampf ist gewaltig, am Ende aber wird Luzifer besiegt. Das Drama schließt mit der Zukunftsvision vom Kommen Jesu.

Die wohl bedeutendste Darstellung Luzifers findet sich jedoch bei Milton, in *Das verlorene Paradies*, entstanden zwischen 1657 und 1667. Da-

Gustave Doré: *Der Fall der aufständischen Engel.* Illustration zu Miltons
Das verlorene Paradies.

rin deutet der englische Dichter die Gestalt des Luzifer als Helden, der
– um mit Shelley zu sprechen, der Milton sehr verehrte – »trotz aller
Widrigkeiten und körperlichen Schmerzen von der Verfolgung des von
ihm als gut erkannten Zieles nicht ablässt«.

Das Drama beginnt mit den Engeln, die vom Himmel in ein Flammenmeer stürzen. Satan und seine Heerscharen, von Gott verbannt, weil sie sich gegen ihn erhoben hatten, liegen nun neun Tage und neun Nächte »im Feuerschlund sich windend«. Die Atmosphäre ist unerträglich, es fehlt an Luft, an Licht, an Wärme. Der, der sie von sich geschleudert hat wie einen Speer, ist ein Gott, der Jupiter ähnelt, weil er Schmerz und Zorn empfinden kann.

Satan und seine aufständischen Genossen sind auf Gestade aus »festem Feuer« gestürzt: Lava, die noch glüht, auch wenn sie schon schwarz ist: Dies gibt ihnen einen Vorgeschmack auf die Hölle. Wie Schiffbrüchige heulen und schreien sie. Auch sie sind, wie Gott selbst, der Emotionen fähig. Dieses Heer von Verzweifelten wird nun von Satan neu organisiert. Er ist davon überzeugt, dass Gott ihn absichtlich der Versuchung ausgesetzt hat, um ihm seine Macht zu rauben, daher will er weiter kämpfen. Seine Geistesgröße beweist sich darin, dass Satan allein es unternimmt, das Chaos zu durchqueren (wie Milton die totale Dunkelheit nennt, in die Gott die Aufrührer verbannt hat), um die neue Welt zu suchen, die in der Zwischenzeit geschaffen wurde, und sich ihrer Bewohner anzunehmen, Adam und Eva, denen gerade erst das Leben eingehaucht worden war. Die Beziehung Satans zum ersten Menschenpaar folgt dann wieder dem biblischen Muster, doch die Fantasie und die Intuition des Dichters machen aus Satan eine Figur von besonderer Dichte: von Mut und Hochmut gleichermaßen angespornt ähnelt er mehr dem Prometheus als dem »Bösen«, wie es im Katechismus dargestellt wird.

Auch Romantik und Sturm und Drang rehabilitierten den Fürsten der Finsternis. In *Die Räuber*, dem bekannten Jugendwerk von Friedrich Schiller zum Beispiel, legt dieser seinem Helden Karl Moor, einem mutigen Edelmann, folgende Worte in den Mund: »War nicht jenes Wesen, welches es wagte, den Allmächtigen zum Zweikampf zu fordern, ein bedeutender Genius? ... Lieber im Feuer des Belial in Gesellschaft der Borgia und der Katharina braten, als an der himmlischen Tafel mit allen gemeinen Dummköpfen sitzen.«

Auch Karl Moor ist ein Rebell, vor allem auf sozialem und politischem Gebiet. Er, der zuerst ein treuer Diener des Kaisers war, nimmt sich die Ungerechtigkeit der sozialen Ordnung so sehr zu Herzen, dass er zum Räuber wird und für ihre Abschaffung kämpft. So ist auch er in gewisser Weise ein aufständischer Engel. Tatsächlich vergleicht er sich selbst mit dem erhabenen und traurigen Dämon Abbadona und ruft: »Die Seele dem Teufel, der Ruhm den Sternen!«, während Amalia, seine Verlobte, die in diesem Moment seine luziferische Doppelnatur als Edelmann und Räuber erkennt, mit den Worten einfällt: »Mörder! Teufel! Ich kann dich Engel nicht lassen!«

Der Pakt mit dem Teufel und der Mythos von Faust

Die Rolle des Stolpersteins, die Steiner Luzifer zuschreibt, hat auch Goethes Mephisto im *Faust* inne. Goethe griff auf eine Volkserzählung zurück, die lange bevor er sich des Stoffes schöpferisch annahm, schon weite Verbreitung gefunden hatte. Die Geschichte dieser Legende wollen wir hier kurz nachzeichnen.

Die Sage von Faust hat historische Wurzeln und reicht ins 16. Jahrhundert zurück, als im Heidelberg der Lutherzeit eine beunruhigende Persönlichkeit namens Johannes Faust lebte, ein Magier und Wunderheiler, Alchimist, Abenteurer und Geisterbeschwörer mit solch ungewöhnlichen Fähigkeiten, dass seine Zeitgenossen ihn verdächtigten, einen Pakt mit dem Teufel geschlossen zu haben.

Dieses nackte Gerüst der Sage regte schon bald die poetische Fantasie der Dichter an. Sie machten aus Faust einen Herausforderer der Götter, einen Titanen sozusagen.

Eine erste *Historia* des Johann Faustus wurde 1587 anonym von einem gewissen Johannes Spies vertrieben, einem Buchhändler in Frankfurt. Es handelte sich bei diesem Text um eine Volkserzählung, die großen Anklang fand und mit der Verdammung des Protagonisten endet, der schließlich Mephistos Beute wird. Der moralische Zweck des Werkes war, dem Deutschland nach Luther zu zeigen, wohin die Auflehnung gegen Gott und der Pakt mit den höllischen Geistern führen konnte.

Bald darauf gelangte ein Exemplar dieser *Historia* nach England, vielleicht mit Hilfe eines Schauspielers. Dort fiel es Christopher Marlowe in die Finger und inspirierte ihn zu seinem Stück *Die tragische Historie vom Doktor Faustus*, die 1590 entstand. Auch diese Geschichte schließt, wie der Titel bereits verrät, mit der tragischen Verdammung des Helden, gleichwohl gibt es eine ganz entscheidende Abwandlung: Bei Marlowe wird Faust bestraft, weil er mehr wissen und erfahren will, als die Theologie zulässt.

50

Doch auch Marlowes Faust sieht im Wissen nur ein Mittel, um sich Reichtum, Macht und Schönheit zu verschaffen. So überwindet er Versuchungen und Hindernisse nicht, sondern wird ihnen zur Beute. Aus diesem Grund stirbt er in der Verdammnis.

Zwei Jahrhunderte später findet der Mythos um Faust seinen vollendeten Ausdruck: zuerst im Werk von G. E. Lessing, dem deutschen Aufklärer. Er widmet dem Faust ein leider nur Fragment gebliebenes Drama, in dem er zum Vorreiter der menschlichen Vernunft wird. Dann nimmt Goethe sich des Themas an und zeichnet in Faust das Bild des Menschen schlechthin, der durch Versuch und Irrtum Stück für Stück zur Selbsterkenntnis gelangt. Auf diese Weise erhebt er sich, bis er dem Antlitz Gottes gegenübersteht, vor dem er Gnade und Erlösung findet.

Der ganze Handlungsstrang ist bereits im »Prolog im Himmel« skizziert, in dem das Stück kurz zusammengefasst wird: Gott überlässt Faust vertrauensvoll den Einflüsterungen Mephistos, weil er weiß, dass nichts Fausts Streben nach dem Idealen bremsen, sein Ungenügen an irdischen Dingen je besänftigen wird.

Dem Mephisto, der so sicher ist, dass Faust sich von ihm verführen lassen wird, antwortet der Herr: »Nun gut, es sei dir überlassen! Zieh diesen Geist von seinem Urquell ab und führ ihn, kannst du ihn erfassen, auf deinem Wege mit herab, und steh beschämt, wenn du bekennen musst: Ein guter Mensch in seinem dunklen Drange ist sich des rechten Weges wohl bewusst.«

Faust begeht Fehler und Irrtümer (beispielhaft ist die Geschichte mit Gretchen), doch er hört nie auf, nach Höherem zu streben. Auf diesem Weg dienen ihm auch Fehlhandlungen zum spirituellen Wachstum. Hindernisse erschweren das Erreichen des Zieles vielleicht, doch dadurch wird es nur umso verdienstvoller. »Es irrt der Mensch, solang er strebt«, sagt der Herr zu Mephisto im »Prolog im Himmel«. Doch am Ende fallen jene himmlischen Worte, die Fausts Erlösung verkünden: »Wer immer strebend sich bemüht, den können wir erlösen.«

Doch damit haben die zahlreichen Bearbeitungen des Faust-Stoffes noch kein Ende. Einer der größten Schriftsteller der Moderne, Thomas Mann, schrieb seinen *Doktor Faustus* 1943 (auch wenn er erst 1947 veröffentlicht wurde) unter dem traumatischen Eindruck der Ereignisse des Zweiten Weltkriegs, der für seine Landsleute bereits verloren war, als er mit dem Buch begann.

Sein Doktor Faustus ist der dämonische Komponist Adrian Leverkühn, den sein unmenschlicher Hochmut zum geistigen Vater des Nazismus werden lässt. Sein Dialog mit dem Teufel ist das Kernstück des ganzen Romans und gleichzeitig seine wohl brillanteste Passage. Hier wird die Hölle mit erschreckender Kälte und Klarheit beschrieben. Sie ist der Ort, an dem Verdammte und Folterer vom gemeinsamen Willen zum Bösen vereint werden. Lichtjahre von Gott entfernt wechseln sich extreme Hitze und extreme Kälte in hoffnungsloser, unfruchtbarer Folge immer wieder ab. Auf Satans Einwurf, dass ein Ort wie dieser Leverkühn doch schon auf Grund seiner Extreme gut gefallen müsse, antwortet dieser, dass ihm tatsächlich zusagt, was Satan ihm beschrieben hat. So spiegeln die Visionen Thomas Manns die letzten schrecklichen Schlachten des Krieges wider.

Einen ganz außergewöhnlichen Pakt mit dem Teufel schließt hingegen der Protagonist der romantischen Novelle *Peter Schlemihls wundersame Geschichte*. Sie stammt aus der Feder eines französischen Adligen, der während der Französischen Revolution nach Deutschland fliehen musste und sich mit seiner Familie in Berlin niederließ: Adelbert von Chamisso (1781–1838).

Der Dichter und Wissenschaftler (der Medizin und Botanik studiert hatte und lange Jahre Vorsteher des Botanischen Gartens in Berlin-Schöneberg war) hatte sich bereits im Alter von 20 Jahren am Faust-Thema versucht, diesen Versuch, von dem uns etwa 300 Verse überliefert sind, aber nie zum Abschluss gebracht. Doch das Motiv sollte sich, wenn auch in leichterer und erzählerischer Form, in seiner berühmten Novelle von Peter Schlemihl wiederholen, die im Übrigen auch autobiografische Elemente enthält.

Peter, ein junger Mann ohne Vermögen und auf der Suche nach einer Stellung, trifft im Park einen reichen Herrn, »ein stiller, dünner, hagrer, länglichter, ältlicher Mann«, der mit einem »altfränkischen, grautaftenen Rock« angetan war. Aus dessen Taschen zog er ununterbrochen die merkwürdigsten Dinge, ohne dass irgendjemand sich darüber zu wundern scheint: ein Fernrohr, einen türkischen Teppich von 20 Schritte Länge und 10 Schritte Breite, drei Rennpferde und noch vieles mehr. Der seltsame Herr folgt Peter und schlägt ihm vor, ihm eines der wundervollen Dinge aus seinen Taschen zu schenken, wenn er ihm dafür seinen Schatten überlässt. Leichten Herzens nimmt Peter das Angebot an und nimmt freudig das »Fortunati Glückssäckel« entgegen, eine Börse, aus der man nach Belieben Goldstücke entnehmen kann. Der Mann im grauen Rock nimmt Peters Schatten vom Boden, rollt ihn ein, faltet ihn zusammen und steckt ihn in die Tasche. Dann geht er verstohlen lachend davon. Und unser Held fängt sein neues Leben an – mit Bergen von Gold versehen, aber ohne Schatten.

Die Situation erweist sich schon bald als schwierig, denn die Tatsache, dass ihm sein Schatten fehlt, macht Peter den anderen verdächtig. Die Menschen fliehen vor ihm, die Eltern des Mädchens, in das er sich verliebt, erlauben ihm nicht, sie zu heiraten, seine Freunde gehen ihm aus dem Weg. Als Peter auf dem Gipfelpunkt der Verzweiflung angekommen ist, erscheint nun wieder der Herr im grauen Rock und macht ihm ein neues Angebot: Er könne seinen Schatten zurückhaben, aber nur wenn er ihm dafür seine Seele überlasse, »nach ihrer natürlichen Trennung vom Leibe«. Peter widersteht dem Drängen des Mannes, der sich selbst vorstellt als »… armer Teufel, gleichsam so eine Art von Gelehrten und Physikus, der von seinen Freunden für vortreffliche Künste schlechten Dank erntet und für sich selber auf Erden keinen anderen Spaß hat als sein bisschen Experimentieren …« und geht weg. Er zieht die Einsamkeit dem Verlust der Seele vor. Und in diesem Moment verändert sich sein Schicksal. Ein schöner, blonder und über das ganze Gesicht lächelnder junger Mann (ein Engel vielleicht?) verkauft ihm ein paar alte, aber noch recht gute Stiefel, die sich als die legendären »Siebenmeilenstiefel« herausstellen. Damit erhält Peter das Geschenk, sich in kürzester Zeit an jeden Ort der Erde begeben zu können. Die Natur, die er seit jeher liebte, liegt ihm nun zu Füßen: »… die Erde [war] mir zu einem reichen Garten gegeben, das Studium zur Richtung und Kraft meines Lebens, zu seinem Ziel die Wissenschaft«, meint Peter, der Ich-Erzähler, als er sich dieser Erkenntnis öffnet. Der Herr im grauen Rock vermag nichts mehr gegen Schlemihl, weil dieser – wie Goethes Faust – nicht den Wunsch nach Erkenntnis und nach Dienst am Mitmenschen verliert. Und so hat auch er es verdient, gerettet zu werden, trotz seiner fatalen Jugendtorheit.

Gehen wir ein paar Schritte in der Zeit zurück, so treffen wir in Frankreich auf einen Herrn, der einen kurzen Roman von großem Erfolg veröffentlichte. 1772 brachte Jacques Cazotte *Der verliebte Teufel* heraus, in dem er sich dem alten Problem von Gut und Böse aus einer völlig neuen Perspektive heraus nähert.

Jacques Cazotte (1719–1792) versah lange Jahre Dienst als Amtmann auf der französischen Insel Martinique. Nach Frankreich zurückgekehrt, widmete er sich 15 Jahre lang der Literatur. *Der verliebte Teufel* ist sein Meisterwerk. Cazotte interessierte sich sehr für Esoterik und Medialität, daher fanden diese Themen immer wieder Eingang in sein Werk. Während der Französischen Revolution nahm er ganz offen Partei für den französischen König, was ihn das Leben kostete: Nach einem kurzen Prozess wurde er enthauptet.

In dem Roman, der für uns hier am meisten von Interesse ist, tritt uns als Protagonist ein junger spanischer Adliger entgegen, Befehlshaber der Garde in den Diensten des Königs von Neapel. Don Alvaro ist von tiefem Wissensdurst getrieben und völlig unerschrocken. Als ihn daher ein Eingeweihter einmal fragt, ob er an einer Dämonenbeschwörung teilnehmen möchte, stimmt er sofort zu. Auf Grund seines unglaublichen Mutes gelingt es ihm, den monströsen Geist des Bösen zu unterwerfen und ihn zum Sklaven zu machen. Der Teufel jedoch zieht sich geschickt aus der Schlinge, in die er getappt war, und verwandelt sich in ein schönes Mädchen, das in Don Alvaros Dienste tritt, ihm jeden Wunsch von den Augen abliest, bis es sich schließlich in ihren Herrn verliebt. Um in Don Alvaro dieselben Gefühle zu erwecken, gibt sie sich als Sylphide, als Luftgeist, aus, der sich in ihn verliebt habe und nur deshalb zur Frau geworden sei, um das Erdenleben aller Menschen zu teilen. Dann versucht sie auf alle mögliche Art, das Herz Don Alvaros zu erobern. Sie verspricht ihm Glück, Macht und Reichtum.

Damit begegnet uns ein Novum in der Literatur: Zum ersten Mal empfindet der Teufel, der hier noch dazu in Gestalt eines tugendhaften und bildschönen Mädchens auftritt, menschliche Gefühle, was den kühnen jungen Helden beträchtlich verwirrt. Erst nach einigen Abenteuern verliebt auch er sich in die hübsche junge Dame und beschließt, sie zu heiraten und sie nach Spanien zu bringen, wo er sie seiner Mutter vorstellen möchte – natürlich unangetastet bis zum Tag der Hochzeit. Biondetta (Blondchen), wie Alvaro seine Schönheit nennt, kann sich damit allerdings nicht abfinden. Sie will alles und sofort. Und mit einem geschickten Schachzug gelingt es ihr, ihren Jüngling zu verführen. An diesem Punkt angelangt ist sie sich seiner absolut sicher und gibt sich als Teufel zu erkennen, weil sie von ihm als solcher geliebt und angebetet werden möchte. Alvaro aber gibt nicht nach. Er empfindet Reue angesichts des Geschehenen und vergisst die Prinzipien des Guten nicht, mit denen er erzogen wurde. Der Teufel namens Biondetta ist geschlagen und muss sich zurückziehen. Alvaro aber findet im Haus seiner Mutter, die ihn mit offenen Armen aufnimmt, den inneren Frieden wieder.

Ein kleiner Faust von französischer Inspiration – von Erkenntnishunger getrieben, zum Irrtum fähig, aber trotzdem nicht bereit, bestimmte Grenzen zu überschreiten. Und in diesem Punkt liegt der Grund für seine Erlösung.

Der Teufel Baudelaires, Carduccis und Leopardis

Diese großen Dichter des 19. Jahrhunderts waren alle drei vom Fürsten der Finsternis fasziniert, interpretierten ihn jedoch grundlegend anders.

Der Blickwinkel des Franzosen Charles Baudelaire (1821–1867) bleibt immer ironisch, gleichzeitig aber kann er seine Bewunderung für Luzifer nicht leugnen. Der Autor der *Blumen des Bösen* war von Miltons Satan fasziniert, der für ihn die vollkommene Schönheit darstellte. In seinem Prosagedicht *Der großzügige Spieler* berichtet er von einem Treffen mit Seiner Hoheit (wie er den König der Hölle nennt). Dieser führte ihn sogleich in seine »Wunderhöhle«, wo er »seltsame Gesichter, Männer und Frauen« sah, aus deren Augen »eine so heftige Abneigung gegen die Langeweile sprach und eine so unersättliche Lust, Leben zu spüren«.

Baudelaire beschreibt Luzifer als großen Herrn, geschickten Redner, vollkommenen Gastgeber, geschickten Spieler und tiefgründigen Philosophen. Auf die Frage, ob Seine Hoheit in letzter Zeit Gott gesehen habe, antwortet er »mit einer Nonchalance, die von leiser Traurigkeit überschattet war«: »Wir grüßen uns, wenn wir einander begegnen, doch wie zwei alte Höflinge, bei denen eine angeborene Höflichkeit die Erinnerung an frühere Zwistigkeiten nicht ganz auszulöschen vermag.« Am Ende der Begegnung schenkt Seine Hoheit, der möchte, dass der Dichter ihn, den »guten Teufel« in freundlicher Erinnerung behält, diesem die Gabe, sein ganzes Leben lang »jenes absonderliche Leiden der Langeweile zu mildern und zu überwinden, dem all eure Krankheiten und all eure kleinlichen Fortschritte entspringen«. Und der Poet, der Langeweile mehr als alles andere fürchtet, betet vor dem Einschlafen zu Gott, dass der Teufel sein Versprechen halten möge.

Giosuè Carducci (1835–1907) widmete Luzifer seine berühmte Hymne *A Satana* (An Satan), eine Hymne auf Freiheit und Fortschritt, in der Satan als wohlwollender Gott gefeiert wird, der das Menschengeschlecht vorantreibt. Hier sollen nur einige Strophen wiedergegeben werden, die den drängenden Rhythmus dieses Werks veranschaulichen:

Dir, der Du des Seins
drängender Ursprung bist,
Materie und Geist,
Vernunft und Sinn;

Während in den Kelchen
schimmert der Wein
wie die Seele schimmert
in dem Auge;

Während Erde und Sonne
lächelnd Worte
der Liebe tauschen;

Und ein Schauer von hochzeitlichem
Geheimnis von den Bergen herabzieht,
und die Ebene erzittern lässt
in ihrer Fruchtbarkeit;

Mögen die Verse sich lösen
aus ihren Banden,
denn Dich, o Satan,
König des Festmahls,
rufe ich an.

Der Dichter verhüllt von Anfang an keineswegs die Sympathie, die er für seine Hauptfigur empfindet, die ihm »Vernunft und Sinn« allen Seins ist. Dann zählt Carducci uns eilends die Meriten Luzifers auf, der

voll der Gaben
eilt von Ort zu Ort
auf seinem unbezwinglichen
Feuerwagen.

Dann schließt er mit einem Salut auf den, der es wagt, sich dem unbeweglichen »Jehova« zu widersetzen, wie die Tradition ihn kennt:

Zum Wohle, o Satan,
Du reine Rebellion,
Du Rächer der Vernunft!

Heilig steigen auf zu Dir
Weihrauch und Opfergaben!
Besiegt hast Du
den Jehova der Priester.

Carduccis Satan ähnelt also viel eher dem Bild des Prometheus, der aus Liebe zu den Menschen dem egoistischen und despotischen Zeus das Licht der Erkenntnis raubt, und nicht dem Bild des finsteren Dämons, wie es uns geläufig ist.

Am Ende seines leidvollen Lebens widmet auch der italienische Dichter Giacomo Leopardi (1798–1837) Satan eine Hymne. Skrupelhaft überschreibt er sie mit *Inno ad Arimane* (Hymne an Ahriman) und bezieht sich damit auf den dunklen Geist der persischen Zoroaster-Religion. Anders als Carducci sieht er in ihm die wahre Verkörperung des Bösen. Das Werk blieb unvollendet und wurde lange Zeit überhaupt nicht veröffentlicht. Erst einige Jahre nach dem Tod seines verzweifelten Autors erschien es 1898 in Druckform. Wir finden darin alle Elemente des leopardianischen Pessimismus, die in einer düsteren Vision voller Bitterkeit gipfeln:

König aller Dinge, Urheber der Welt, geheimnisvolle
Ruchlosigkeit, höchste Macht und höchste
Intelligenz, ewiger
Wirker des Bösen, der du jede Bewegung lenkst ...

Diesem mächtigen und höchst intelligenten »König aller Dinge« schreibt Leopardi jedes Übel zu, das den Menschen quält, jedes Unglück, das unser Leben prägt. Das Böse wird siegen, versichert uns der Dichter. Der Lenker einer solchen Welt kann nur Ahriman sein, der Satan selbst.

In Leopardis Vision der Welt gibt es kein Licht, keinen einzigen Verweis auf das Gute. Und so bittet er Ahriman auch nur um eines: dass er

»das siebente Lebensjahrfünft« nicht überschreiten möge. Wir aber wissen, dass Leopardi, der seit seinen Jugendjahren von Krankheiten gequält wurde, mit 39 Jahren starb. Ahriman hat ihn also nicht erhört.

Uns bleibt dieser unvollendete Hymnus, in dem eine wahre Theologie des Bösen ihren Ausdruck findet.

Der gerettete Luzifer

Wandern wir noch weiter in die Vergangenheit zurück, dann begegnet uns Victor Hugos Interpretation des Versuchers. Der französische Dichter (1802–1885) nimmt einmal mehr einen ungewöhnlichen Standpunkt ein.

Der große Franzose, der uns so unvergessliche Werke wie *Die Elenden* und *Der Glöckner von Notre Dame* hinterlassen hat, war ein unversöhnlicher Gegner Napoleons, der diese mächtige Feder dann auch 18 Jahre lang in die Verbannung schickte. Kein Wunder also, dass er für den rebellierenden Engel eine gewisse Sympathie empfand. In seinem Versepos *La fin de Satan* (Das Ende Satans), das erst 1886, also nach seinem Tod veröffentlicht wurde, stellt uns Hugo einen Teufel vor, der Gnade gefunden hat. Als der rebellische Engel die wahre Natur der Liebe begreift, wird ihm klar, dass er selbst sich aus der göttlichen Symphonie der Schöpfung ausgeschlossen hat. Von dem Bewusstsein, nicht geliebt zu werden, zutiefst erschüttert, wendet er sich an den Himmel, die Sonne, die Sterne und das Meer und fleht sie in seiner Verzweiflung um Hilfe an. »Die Liebe hasst mich!«, ruft er aus. Was gleichbedeutend ist mit: Gott, der ja die reine Liebe ist, hat seinen Blick für immer von mir abgewendet. Doch ebendiese Verzweiflung bringt ihm letztlich die Vergebung. Das Epos schließt mit dem Wort Gottes, der Satan versichert, dass er ihn keineswegs hasse. Da nun, so der Herr, sich beide in Freiheit anerkennen, wird Luzifer zum Engel der Freiheit. Sein Gefängnis stürzt ein, die Hölle gibt es nicht mehr:

> Von neuem erhebt sich der Engel, der Dämon weicht.
> Die finstere Nacht verlischt aus meiner Macht.
> Tot ist Satan nun. Erstehe von neuem, Luzifer – himmlischer Engel!

So wird Satan also Gottes Vergebung zuteil. Luzifer wird zurückgeholt in die himmlischen Chöre: So lautet das Testament dieses ruhmreichen Dichters, das wohl auch als Botschaft an uns gedacht ist.

Luzifer und Dostojewski

Fjodor M. Dostojewski hat dem Teufel mehr als 20 Seiten in seinem Meisterwerk *Die Brüder Karamasow* gewidmet, das zum Eindrucksvollsten gehört, was er je geschrieben hat. In einem Kapitel mit der Überschrift *Der Teufel. Iwan Fjodorowitschs Fiebertraum* wird der Protagonist von einem Fieberschauer geschüttelt, den er jedoch nicht wahrhaben will, weil sein Leben gerade an einem entscheidenden Wendepunkt steht. Er glaubt, sich eine Krankheit einfach nicht leisten zu können. Da er sich immer noch kräftig fühlt, macht er einfach weiter wie bisher. Und nun geschieht etwas Seltsames. Als sein Blick zu Hause auf das Sofa fällt, entdeckt er dort plötzlich einen ihm unbekannten Herrn, den er nicht eintreten sah. Dieser »jemand« wird so beschrieben: »Es war irgendein Herr, oder besser gesagt, ein bestimmter Typ von russischem Gentleman, nicht mehr jung an Jahren, einer ›qui frisait la cinquantaine‹ (der auf die Fünfzig zuging), wie die Franzosen sagen, dessen dunkles, ziemlich langes, noch dichtes Haar und keilförmig geschnittenes Bärtchen erst wenig grauuntermischt waren.« Was die Kleidung betrifft, so teilt der Dichter uns nur mit, dass sie offenkundig von einem ausgezeichneten Schneider gearbeitet worden war, auch wenn schon ein wenig abgerissen und aus der Mode.

Zwischen Iwan und dem Besucher entspinnt sich nun ein lebhafter Dialog, der von Seiten des Hausherrn mit einer gewissen Gereiztheit geführt wird. Der Gast aber antwortet stets schlagfertig. Er gibt offen zu, der inkarnierte Teufel zu sein, und zitiert sogar eine berühmte lateinische Sentenz: *Satana sum et nihil humanum a me alienum puto.* (Satan bin ich, nichts Menschliches ist mir fremd.) So bringt er seine enge Verbindung zu den Menschen zum Ausdruck.

Dann erzählt der Teufel eine Geschichte über das Paradies: Ein Mann, der nicht an das Leben nach dem Tod glaubte, starb in der Erwartung, in die völlige Dunkelheit einzugehen. Stattdessen sah er plötzlich »das zukünftige Leben« vor sich. Da er aber keinen Glauben gehabt hatte, musste er zuerst eine Quadrillion Kilometer laufen, bevor sich die Pforten des Paradieses vor ihm öffnen würden. Und als er all diese Wege gegangen war und ins Paradies kam, erklärte er, dass es die enorme Mühe wert gewesen sei, auch wenn er nur zwei Sekunden hätte bleiben dürfen. »Wie gesagt: eine Legende«, schloss der Teufel. »Nicht mehr und nicht weniger.«

Dann stellt Iwan die direkte Frage nach den Höllenqualen, und der Teufel antwortet:»Früher gab es noch so dies und das, jetzt dagegen hat man sich fast nur auf die abstrakten, auf die moralischen Qualen verlegt, so ›Gewissensbisse‹ und diesen ganzen Schwindel.« Und er schließt: »Da wäre doch das frühere Feuerlein weit angebrachter ...« Das Teufelchen macht Iwan, der sich immer mehr zu fragen beginnt, ob er nun wirklich den Teufel vor sich hat oder nur sein Alter Ego, schließlich klar, dass er um sein Seelenheil besorgt sei. Während sie noch auf witzige Weise über dieses Thema diskutieren, klopft es an der Tür. »Hörst du, mach lieber auf ... Das ist dein Bruder Aljoscha, mit der überraschendsten und wichtigsten Nachricht ...« Iwan glaubt ihm nicht, doch die Schläge an die Tür werden immer lauter. Schließlich steht er auf und öffnet die Tür: Und tatsächlich steht sein Bruder vor ihm, der ihm erschüttert erzählt, dass Smerdjakoff, die Schlüsselfigur des Romans, sich vor einer Stunde erhängt hat. Als der verwirrte Iwan einen fragenden Blick auf das Sofa wirft, sieht er, dass dort niemand mehr sitzt. Der Teufel hat also die Wahrheit gesagt und ist dann verschwunden. Iwan aber hegt mehr Zweifel denn je zuvor.

Salman Rushdie und die ewige Parabel von Gut und Böse

Die Beziehung zwischen Luzifer und der Literatur scheint beinahe unerschöpflich zu sein. So fühlt sich auch die moderne Literatur immer wieder von seinem Bild inspiriert.

»Eine gewaltige Explosion, danach regnet es Sterne. Wie in einem lang andauernden Echo der Geburt von Raum und Zeit ... fliegt der Jumbojet *Bostan*, Flug A1–240, ohne Vorwarnung auseinander, hoch über der Stadt ...« So beginnt der umstrittene Roman von Salman Rushdie *Satanische Verse*. Der indische Schriftsteller brachte sein Buch 1989 heraus und sieht sich seither unglaublichen Nachstellungen ausgesetzt, da das Regime von Ayatollah Khomeini ihn für alle gläubigen Muslime zum Abschuss freigegeben hat.

Der Roman ist eine moderne Parabel über den ewigen Kampf der Mächte des Guten und des Bösen, deren Akteure die einzigen Überlebenden der oben beschriebenen tragischen Explosion sind: der berühmte indische Schauspieler Gibreel Farisha und Saladin Chamcha, ebenfalls Inder und als Radiosprecher dafür bekannt, dass er Tausende von Stimmen nachahmen kann. Die beiden befinden sich unversehrt im freien Fall inmitten eines Regens aus menschlichen Gliedmaßen, Decken, Glassplittern und Zeitschriften. Anfangs fällt noch jeder für sich und sie streiten miteinander. Als sie aber eine dicke Schicht von Wolken durchquert haben und feststellen, dass die Erde nahe ist, umarmen sie sich und stürzen gemeinsam. Wunderbarerweise gelangen sie unversehrt zur Erde und finden sich an einem schneebedeckten Strand an der Küste Englands wieder. Nachdem sie gelandet sind, bemerken Gibreel und Saladin, dass sie sich verändern: Ersterer wird zu einer Art moderner Erzengel, dessen Körper ein goldenes Licht ausstrahlt. Saladin hingegen wachsen Hörner und Hufe, sein Körper wird haarig und muskulös – der klassische Teufel, wie er uns in vielerlei Bildwerken entgegentritt. Trotz dieser so deutlichen Transformation in Symbole des Guten und des Bösen, führen die beiden ihr Leben weiter. Ein Kaleidoskop von Abenteuern und Begegnungen führt uns vor, wie Engel und Teufel den Kampf miteinander aufnehmen, ja sogar die Rollen tauschen, sodass die satanischen Verse sich immer stärker mit den himmlischen vermischen.

Was ist das Gute? Und was das Böse? Die ewigen Prinzipien, an die das menschliche Leben unbestreitbar gebunden ist, werden hier auf ketzerische Weise dargestellt, auch wenn das ganze Buch von einem tiefen Glauben getragen ist. Das Schicksal der beiden Widersacher ist so eng miteinander verbunden, dass sie sich nicht voneinander trennen können. Salman Rushdie betrachtet Engel und Dämon nur als zwei Seiten einer Medaille. Er bringt sie uns nahe, indem er sie zu Menschen des Alltags macht, die immer wieder mit der ewigen Wahl zwischen Gut und Böse konfrontiert sind.

6

Der Teufel Giovanni Papinis

Über den gefallenen Engel hat der Theologe Giovanni Papini ein berühmtes Werk mit dem Titel *Der Teufel* verfasst. Dessen Sinn und Zweck sei es nicht, so der Autor im Vorwort, die Existenz des Teufels zu beschönigen, sondern ihn »kennen zu lernen«: die wahren Gründe seiner Rebellion gegen Gott zu begreifen (von denen Papini sagt, sie seien »nicht die, die man gewöhnlich dafür hält«), die wahren Beziehungen zwischen ihm und Gott, und vor allem die Möglichkeit zu sehen, den Teufel in seinen ursprünglichen Zustand als strahlender Engel zurückkehren zu lassen. Zur Lösung der ersten beiden Aufgabenstellungen greift Papini auf die Heilige Schrift, die Kirchenväter und die christliche Philosophie zurück. Sobald er sich aber der dritten zuwendet, räumt er ein, dass es sich dabei »um Annahmen und Hoffnungen« handelt, die von keiner Quelle bestätigt werden, auch wenn sie – wie der Autor meint – »zur Vorstellung eines Gottes passen, den wir als absolute Liebe sehen«. Um sofort jeden aufkeimenden Zweifel auszumerzen, macht Papini von Anfang an klar, dass sein Buch »von einem Christen im tiefsten Sinne des Christentums« geschrieben wurde.

In Abschnitt 18, der die Überschrift trägt »Wer ist verantwortlich für den Sturz Satans?«, erklärt Papini in Übereinstimmung mit dem heiligen Thomas von Aquin und anderen Kirchengelehrten, dass Gott Luzifer als den höchsten und vollkommensten seiner Engel schuf. Gerade diese Überlegenheit aber wurde »die erste Ursache seines Hochmuts und damit seines Falls«. Denn: »Wer am höchsten steht, ist auch am anfälligsten für Stolz. Daher war Luzifer der Erste, der dieser Sünde verfiel und der sich gegen Gott auflehnte.«

Diese Begründung ist eindeutig, doch sie verleitet auch zu Überlegungen, welche die bisherigen Vorstellungen im Hinblick auf den Sturz der Engel auf den Kopf stellen können. So könnte man beispielsweise annehmen, dass Gott, da er einziger Schöpfer aller Kreaturen ist, und alles, was auf Erden ist, sein Werk genannt werden kann, Luzifer eben so wollte: »der Kreaturen höchste«, wie Dante schreibt. Doch da Gott auch allwissend ist und alles vorhersieht, musste er vorhersehen, dass Luzifer eben auf

Grund seiner Überlegenheit sündigen und fallen würde. Gott machte seinem liebsten Engel – wie auch den Menschen und den anderen Engeln – das unschätzbare Geschenk der Willensfreiheit. Doch dieses Geschenk gab Luzifer die Möglichkeit, zu sündigen und zu stürzen. Und Gott musste dies wissen. Die ihm verliehene Überlegenheit war das Motiv seines Hochmuts, seine Freiheit war die Bedingung, auf Grund derer er fiel.

Und weiter schreibt Papini: »Gott, der Schöpfer des Universums, hat eine Welt erschaffen, in der die Sünde ebenso möglich ist wie die Auflehnung, das Böse ebenso wie die Verdammnis … Luzifer hat weder die Welt erschaffen noch sich selbst. Es ist daher nicht seine Schuld, wenn die von Gott festgelegte Ordnung der Welt erlaubt zu sündigen. Es liegt nicht in seiner Verantwortung, wenn die ihm zugewiesene Überlegenheit, wie der heilige Thomas behauptet, ihn zur Sünde des Stolzes vorherbestimmt.« Papini schließt daraus, dass ein Gott, der Urheber von allem ist, für das, was seinen Geschöpfen widerfährt, die Verantwortung trägt.

Ist es also gerecht, wenn wir Satan für alles die Schuld geben? Papini hegt hier seine Zweifel. Was nun die wahren Beziehungen zwischen Gott und Luzifer angeht, so meint Papini, dass er auf Grund gründlicher Bibellektüre zu der Auffassung gelangt sei, dass Satan keineswegs – wie alle glauben – in den Abgrund verbannt wurde und nie wieder vor seinen Schöpfer treten durfte. Tatsächlich lesen wir im Buch Hiob, in welch engen Beziehungen die beiden auch noch nach Luzifers Sturz standen: »Es begab sich aber auf einen Tag, dass die Kinder Gottes kamen und vor den Herrn traten, und der Satan war auch unter ihnen. Der Herr aber sprach zu dem Satan: »Wo kommst du her?« Satan antwortete dem Herrn und sprach: »Ich bin im Land umher durchzogen.« Der Herr sprach zu Satan: »Hast du nicht Acht gehabt auf meinen Knecht Hiob? Denn es ist seinesgleichen nicht im Lande, schlecht und recht, gottesfürchtig und meidet das Böse.« (Hiob 1, 6–8)

Wie wir wissen, weist erst Satan Gott darauf hin, dass Hiob sich wirklich nicht besonders anstrengen musste, um gläubig und frei von Sünde zu bleiben. Es fehlte ihm ja an nichts und Gott hatte ihn mit allen möglichen Reichtümern gesegnet. Er behauptet aber, dass sich Hiobs Verhalten mit ziemlicher Sicherheit ändern würde, wenn der Ewige seine schützende Hand von ihm nähme. Und Gott nimmt die Herausforderung an: »Sieh, alles, was er hat, sei in deiner Hand …« Der Rest der Geschichte ist bekannt und braucht hier nicht wiederholt zu werden. Interessant ist auch, meint Papini, dass die Beziehungen zwischen Gott und dem Teufel durchaus freundschaftlicher Natur zu sein scheinen. Der Allmächtige gibt dem gefallenen Engel Hiob und alles, was er besitzt, in die Hand.

Auch Zacharias (3, 1–2) weiß von einer ähnlichen Szene zu berichten: Der weise Hohepriester Josua stand vor dem Engel des Herrn und Satan »stand zu seiner Rechten, dass er ihn anklage«. Auch hier steht Satan vor Gottes Angesicht wie die anderen Engel.

Die Beziehungen zwischen Gott und Satan (was etymologisch betrachtet »Widersacher« bedeutet) dauern also auch nach dem Sturz an. Gott in seiner unendlichen Güte scheint Luzifer gegenüber eine Art »väterlicher Duldsamkeit« an den Tag zu legen. Tatsächlich überträgt er ihm mitunter große Macht, wie die Geschichte von Hiob beweist.

Auch Jesus hatte eine enge Beziehung zu Satan, der ihn drei Mal in der Wüste versuchte. Jesus widerstand jeder Versuchung, von der unmittelbaren und konkreten (Stein in Brot zu verwandeln, um seinen Hunger zu stillen) bis hin zur Herrschaft über die ganze Welt. Jesus aber vergaß, wie Papini ausführt, die Versuchungen Satans nicht, sondern realisierte sie später sogar in höherem Sinne. Er, der Steine nicht in Brot verwandeln wollte, vollbringt im Akt der Wandlung die Transformation von Brot und Wein in »Sein Fleisch« und »Sein Blut«. Und nachdem er alle Reiche abgelehnt hat, die Satan ihm zu Füßen legen wollte, herrscht er über die Seelen ihrer Bewohner. Und schließlich taucht Satan auch beim Letzten Abendmahl auf, wo er sich – wie uns der Evangelist Johannes berichtet – des Judas bemächtigt. Und Jesus war sich dessen bewusst, lud er ihn doch ein zu vollenden, was zu tun er sich anschickte (Johannes XIII, 26–27).

In gewisser Weise wird Satan also auch hier zum unentbehrlichen Helfer für das Wirken Jesu auf Erden, zum Helfer des Erlösers.

Auf Grund aller Belege, die sich im Evangelium finden lassen, schließt Papini, dass »die Beziehungen zwischen dem Schöpfer und dem Versucher nicht so spannungsvoll sind, wie eine zu simple Auffassung nur allzu gern glauben macht«.

Hier kommt uns spontan die Frage in den Sinn: Ist das, was Papini hier schreibt, nicht so ähnlich auch bei Rudolf Steiner zu lesen? Die Rolle, die Papini, dessen theologische Bildung nicht bezweifelt werden kann, dem Satan zuordnet, ist doch letztlich dieselbe, die der Esoteriker und Christusliebhaber Steiner dem Teufel gibt: Er ist das Hindernis, setzt die Menschen der Versuchung aus, damit die Kraft und innere Stärke der so Geprüften zunimmt. Und das gilt für den Gottessohn ebenso wie für uns Sterbliche.

Im Kapitel »Ist der Teufel notwendig?« erläutert Papini, dass er im Tun des Teufels ein Hilfsmittel zur Errettung der Seele sieht, denn »erst wenn die Seele auf die Probe gestellt wird und diese besteht, hat sie sich der

Glückseligkeit als würdig erwiesen. So tragen die Versuchungen des Teufels, wenn man ihnen zu widerstehen weiß, zum Heilswerk bei ... Viele würden die Freuden des Lichts nicht genießen, hätten sie sich nicht der Versuchung der Finsternis ausgesetzt.« Und Papini schreibt weiter: »Satan hat also ein wichtiges Amt, eine Rolle in der Vorsehung. Und so kann man mit Fug und Recht behaupten, dass Satan ein Mitarbeiter Gottes ist.«

Gerechterweise fügt Papini auch noch an, dass der Satan häufig als »Sündenbock« herhalten muss. Manchmal vergessen wir nur zu leicht, dass bestimmte bösartige Tendenzen in uns selbst angelegt sind. Aus Bequemlichkeit und wohl auch aus Feigheit aber schreiben wir sie den Einflüsterungen Satans zu. Doch Papini sieht am Ende noch Hoffnung, denn schon Origenes schreibt in seinem *Von den Anfängen* (I, 6, 3), dass eines Tages auch die Dämonen wieder zu Engeln werden könnten: »Die einen werden früher, die anderen nach langen und harten Qualen in die Schar der Engel zurückkehren, dann werden sie sich in höhere Grade erheben und die unsichtbaren und ewigen Regionen erreichen.« Der Katholik Papini also nimmt an – wie der heilige Gregor von Nyssa und der heilige Hieronymus –, dass am Ende der Zeitrechnung alle Wesen wieder ihren Frieden in Gott finden werden.

Papini selbst hat sich schon als junger Mann von 24 Jahren mit dem Thema des Teufels und des Bösen in der Welt beschäftigt. Damals verfasste er zwei »moralische Belehrungen fantastischer Natur« mit dem Titel *Was der Dämon mir erzählte* und *Der versuchte Dämon*. In diesem letzteren Werk lässt Papini eine Frau namens Virgia Worte der Hoffnung für Luzifer finden: »... Du warst einer der liebsten Söhne Gottes. Es kann nicht sein, dass in dir jeder Funke deiner ursprünglichen Natur erloschen ist. Und sei in dir nichts anderes mehr lebendig als nur ein winziger Bruchteil der Erinnerung an dieses Licht und der Sehnsucht danach, dann liebe ich dich für das Glück, das du in jener Zeit erfahren hast. Ich liebe in dir den *künftigen verlorenen Sohn*, der ins Reich des Vaters heimkehrt.«

Ganz sicher wusste der junge Papini nichts von Jakob Lorber, den Sie im vorhergehenden Kapitel kennen gelernt haben. Anfang des 20. Jahrhunderts war der »Schreiber Gottes« in Italien völlig unbekannt. Das erste Buch über ihn wurde in italienischer Sprache erst um 1970 von Kurt Eggenstein publiziert. Was Lorber und Papini zu Papier brachten, entstand also völlig unabhängig voneinander. Und trotzdem findet sich der Vergleich Luzifers mit dem verlorenen Sohn in beider Werk. Zufall? Meiner Ansicht nach ist das noch lange nicht alles.

7

Das Antlitz Luzifers

Ikonografie von Engeln und Dämonen

Allen Zugeständnissen an den Zeitgeschmack zum Trotz zeigt die künstlerische Darstellung von Engeln über die Jahrhunderte hinweg einige stets gleich bleibende Züge. So werden Engel immer mit Flügeln abgebildet. Ihr Antlitz ist sanft und mild, das Haar wohl geordnet. Ihr Gewand meist in dezenten, pastelligen Farbtönen ließe sich als elegant bezeichnen. In eine Aura von Licht gehüllt, sehen wir sie bei ihrem noblen Tun: singend, betend oder schwebend im Raum – zur Ehre Gottes, der Madonna und der Heiligen. Sie eilen Menschen zu Hilfe und beschützen sie. Vor allem aber spielen sie solch himmlische Instrumente wie Harfe, Laute und Zimbeln. Vollendete Harmonie umgibt sie. Es ist, als hätten die zahllosen Künstler, die sich der Darstellung von Engeln widmeten, ihre ganze Kunst aufgeboten, um sie mit jener Schönheit und jenem Frieden auszustatten, welche die Figur des Engels geradezu zu fordern scheint.

Doch nicht nur das Erscheinungsbild, auch die Rangstufen im Reich der Engel sind genau festgelegt. In seinem berühmten Werk *Über die himmlische Hierarchie*, einem vollendeten Zeugnis abendländischer Mystik und frühen Christentums, breitet Dionysius Areopagita, der im 6. Jahrhundert n. Chr. lebte, Sicht und Verständnis der Kirchenväter hinsichtlich des Engelreiches vor uns aus. Er darf mit Fug und Recht als die Autorität schlechthin auf dem Gebiet der christlichen Engelslehre betrachtet werden.

Gleich zu Anfang schreibt Dionysius, dass es dem Menschen wohl für immer versagt bleiben wird, die himmlischen Geheimnisse zur Gänze zu durchdringen. Dann aber fährt er fort: »Ich werde hier nichts sagen, was nur von mir stammt, sondern gemäß meines Vermögens jene himmlischen Visionen darlegen, welche von den heiligen Kennern des Göttlichen erschaut wurden, in die auch ich eingeweiht wurde.« Dionysius spricht hier also eindeutig auch von eigenen Visionen, die mit denen anderer Eingeweihter übereinstimmen. Seiner Auffassung nach gibt es drei himmlische

Hierarchien, die in jeweils drei Chöre zerfallen. Die erste Hierarchie umfasst die *Throne* und ihre Gefolgschaft »mit den zahlreichen Augen und Flügeln«, die *Cherubim* und die *Seraphim*. In der zweiten Hierarchie finden sich die *Kräfte*, die *Herrschaften* und die *Mächte*. In der dritten Hierarchie sind *Engel*, *Erzengel* und *Fürstentümer* versammelt.

Jeder der Namen bringt den besonderen Charakter der in diesen Wesen konzentrierten himmlischen Intelligenz zum Ausdruck. So sind die *Seraphim* »die Brennenden« und die *Cherubim* »die Vollkommene Weisheit«. Die *Throne* haben ihren Namen von ihrer Nähe zu Gottes Thron. Die *Herrschaften* heißen so auf Grund der Kraft und Freiheit, die sie besitzen. Die *Mächte* sind Tugenden, deren Meisterung Macht über alle Dinge verleiht, während die *Kräfte* über überirdische Energie und Intelligenz zur Abwehr von Hindernissen verfügen. Den *Fürstentümern* ist es gegeben zu herrschen, Engel und Erzengel aber sind Boten, die den Menschen den göttlichen Willen kundtun.

Über die Engel besitzen wir also ausreichende Informationen, sozusagen »aus erster Hand«. Was den Teufel bzw. die Teufel angeht, könnte man dagegen von einer Wissenslücke sprechen.

Im *Dictionnaire infernal* (Höllenlexikon) von Collin de Plancy, auf das ich im 10. Kapitel ausführlicher eingehen werde, fehlt es zwar nicht an Beschreibungen, doch präsentiert de Plancy bei aller Neugierde und allem Wissensdrang seine Forschungsergebnisse mit einer gewissen Ironie. An die Glaubwürdigkeit eines Dionysius Areopagita reicht er sicher nicht heran.

Tatsächlich gibt es nur wenige Beschreibungen Luzifers und seiner Engelschar, und die wenigen existierenden lassen methodisch zu wünschen übrig und weichen stark voneinander ab. Der Fürst der Finsternis wird also nicht einheitlich dargestellt, ganz im Gegenteil. Je nach Zeit und kulturellem Hintergrund ist sein Erscheinungsbild stark verändert. Manchmal tritt er als Schlange auf, manchmal als verführerische Sirene. Wir finden ihn als eleganten Edelmann ebenso wie als abstoßendes Monstrum mit Hörnern und Bocksfüßen. Wir kennen ihn als insektenumschwirrten Widersacher Gottes, als dämonischen Mann und als strahlenden Engel. Das Wesen, das wir Teufel nennen, hat mehr als tausend Gesichter.

Was aber ist das wahre Anlitz Luzifers? Luther Link, Dozent für Literatur an der Universität Tokio, hat dem Teufel ein umfangreiches Werk gewidmet. Er nennt ihn »eine Maske ohne Gesicht«, eben weil er in der Ikonografie und in der kollektiven Bilderwelt des Menschen so viele verschiedene Züge annimmt. Daher wollen wir hier und im Bildteil versuchen, hinter die Masken zu blicken, mit denen uns Luzifer entgegentritt. Nur so können wir die unglaubliche Wandelbarkeit des Fürsten der Finsternis begreifen. Am Ende hoffe ich, beweisen zu können, dass diese Masken von uns Menschen geschaffen wurden. Wir sind es, die dem gefallenen Engel im Laufe der Zeit je nach unserem inneren Entwicklungsstand die diversen Erscheinungsmerkmale und Charakterzüge verliehen haben.

Unbekannter Meister: *Der Fall der aufständischen Engel.*
Illustration aus der Apokalypse von Treviri, 9. Jahrhundert.

Die christliche Kunst bezog ihre Inspiration zunächst einmal aus der biblischen Schöpfungsgeschichte: »Und die Schlange war listiger denn alle Tiere auf dem Felde, die Gott, der Herr, gemacht hatte, und sprach zu dem Weibe … « (1. Buch Moses, 3, 1) So wurde Luzifer zuerst und vor allem als Schlange dargestellt, die sich um den Baum der Erkenntnis windet. Die Wandbilder in den Katakomben Roms und die Abbildungen auf frühen Särgen folgen weitgehend dieser Vorgabe, die uns auch in späteren Jahrhunderten immer wieder begegnet, so zum Beispiel bei Raffael und Michelangelo (siehe Bildteil Abb. 1). Sie findet sich selbst noch im 20. Jahrhundert, wie wir an der Abbildung von Fernando Botero (siehe Bildteil Abb. 2) sehen. Seine Schlange windet sich elegant um Evas Fuß.

Eine gern bemühte Quelle künstlerischer Inspiration war auch die Offenbarung des Johannes: »Und ich trat an den Sand des Meeres und sah ein Tier aus dem Meer steigen, das hatte sieben Häupter und zehn Hörner … Und das Tier, das ich sah, war gleich einem Parder und seine Füße waren wie Bärenfüße und sein Mund wie eines Löwen Mund. Und der Drache gab ihm seine Kraft und seinen Stuhl und große Macht.« (Offenbarung, 13, 1–2) Und so nahm Luzifer die Gestalt zahlreicher, schrecklicher Tiere an: die des Löwen, der Giftschlange und natürlich die des Drachen. Ein schönes Beispiel bietet das Mosaik in der Kapelle des *Museo Arcivescovile* in Ravenna, das aus dem 5. Jahrhundert stammt (siehe Bildteil Abb. 4). Wir erkennen darauf Christus in Militärkleidung, wie sie zu jener Zeit in Byzanz üblich war. Sein rechter Fuß zertritt einen Löwen, sein linker eine Schlange. Löwe und Schlange stehen für die Kräfte des Bösen oder den Teufel, gegen den nur der Panzer des Glaubens schützt, wie er hier durch das militärische Äußere Christi symbolisiert wird.

In den folgenden Jahrhunderten wird der Teufel – von einigen Ausnahmen abgesehen – meist als fellbedecktes, Furcht erregendes Ungeheuer mit Hauern und Klauen dargestellt (siehe Bildteil Abb. 3). Dies hatte sicher den pädagogischen Hintersinn, den Gläubigen ein wenig Angst einzujagen. Denn wenn schon der schönste und höchste Engel sich durch die Sünde des Hochmuts in solch ein schreckliches Wesen verwandeln konnte, was konnte man dann erst bei einem Normalsterblichen erwarten? Für dieses Teufelsbild zeichnen Altes Testament und die Offenbarung des Johannes gleichermaßen verantwortlich. Einen nicht geringen Teil trug jedoch auch die Popularität von Dantes Epos *Die Göttliche Komödie* bei, heißt es doch dort:

Wenn er so schön war, als er hässlich jetzt ist …
(Hölle, XXXIV, 34)

Erst mit der Renaissance ändert sich allmählich die Art und Weise der Darstellung. Der Mythos um Luzifer wurde neu interpretiert. Das Tierungeheuer verschwindet und hinter seiner Maske kommt der Mensch zum Vorschein: dämonisch zwar, doch immerhin ein Mensch.

Und auch an Darstellungen von Luzifer als Engel fehlt es nicht. Meist zeigen ihn diese Bildwerke kopfüber nach unten stürzend, nachdem er die Schlacht gegen den Erzengel Michael verloren hat.

Von diesen Bildern wollen wir in der Folge einige näher betrachten, um zu sehen, wie verschieden die Gesichter Luzifers sein können und wie sehr sich die bildliche Darstellung des gefallenen Engels und seiner Heerscharen im Laufe der Zeit verändert hat. Bereits auf den ersten Darstellungen trägt er meist sehr expressive Züge. Als Drache, Engel, dämonischer Mensch – und als schwarzer, kleiner Teufel.

Eine der ältesten bildlichen Umsetzungen vom Fall Luzifers und seiner Engel findet sich in einer Handschrift, die als *Apokalypse von Treviri* bezeichnet wird. Sie entstand etwa zwischen 800 und 820 n. Chr. und wird in der Stadtbibliothek von Treviri aufbewahrt. Hier ist der Teufel ein gewaltiger Drache (eine Darstellung, die sich auch später noch häufig findet), doch seine stürzenden Spießgesellen ähneln den Engeln, die Luzifer und seine Schar mit Lanzen aus dem Himmel vertreiben: Wie diese haben sie Flügel, lange Kleider und lockiges Haar. Sogar ihr Gesicht ist dem der getreuen Engel gleich. Der einzige Unterschied ist, dass es den Rebellen am Heiligenschein fehlt.

In der Handschrift *Benevento Benedictio Fontis*, die in Rom in der Biblioteca Casantense aufbewahrt wird, findet sich eine ungewöhnliche Darstellung der aufständischen Engel. Sie entstand etwa zwischen 970 und 980 n. Chr. und zeigt die Gefährten Luzifers nackt und barfuß. Sie sind kleiner als die Engel, die sie aus dem Himmel vertreiben, und haben dunkle Haut. Ihr Heiligenschein umgibt sie noch immer, das Haar allerdings hat sich in Flammen verwandelt, ein durchaus diabolisches Detail. Das ausdrucksvolle Werk zeigt uns in anschaulicher Weise, wie man sich den Verlust der Würde im Reich der Engel vorstellte, der auf eine so gravierende Sünde wie den Hochmut und das Aufbegehren gegen Gott unweigerlich erfolgen muss.

Die Teufel hingegen, die auf dem Fresko eines unbekannten Malers im Kloster der heiligen Katherina von Alexandrien auf dem Berg Sinai darge-

Unbekannter Meister:
*Engel vertreiben die
rebellischen Horden aus
dem Himmel.*
Biblioteca Casanteuse,
Rom, 10. Jahrhundert.

stellt sind (siehe Bildteil Abb. 5), sind sehr luftige und böse Wesen. Die
Darstellung stammt aus der zweiten Hälfte des 12. Jahrhunderts und
zeigt, wie die Teufel die Menschen vom Weg der Tugend abzubringen versuchen, der hier als Leiter dargestellt wird, die in den Himmel zu Gott

71

führt. Die kleinen schwarzen Wesen haben Flügel, Hörner und einen Schnabel. Sie tragen Pfeil und Bogen sowie lange Seile mit sich. Mit dem Pfeil der Leidenschaft zielen sie auf die Menschen, binden sie dann mit ihren Seilen und ziehen sie in die Tiefe.

Im Laufe der Zeit wurde Luzifer von vielen großen Künstlern dargestellt. Einer der ersten war Duccio da Boninsegna (circa 1255–1319). Der Teufel, den der Maler aus Siena auf seinem Bild *Die Versuchung auf dem Berg* darstellt, findet sich heute in New York in der Frick Collection (siehe Bildteil Abb. 6). Er scheint eine Mischung aus Tier (lange Fledermausflügel und lange Krallen an Händen und Füßen) und Mensch: Kopf und Körper, von den struppigen Haaren bis hin zu den gewaltigen Ohren, sind menschlich, auch wenn seine Körperfarbe schwarz ist. Der Teufel, der sich Jesus nähert und ihm alle Schätze der Welt und alle Macht auf Erden anbietet, ist kein wildes Tier. Er ist der vollkommene »Versucher«: heimtückisch, intelligent, dynamisch.

Das Wiegen der Seelen

Das »Wiegen der Seelen« ist in der Ikonografie der vergangenen Jahrhunderte ein immer wiederkehrendes Motiv. Nach dem Tod eines Menschen stehen sich der Engel des Guten und der Engel des Bösen gegenüber, wobei Letzterer meist als Ungeheuer dargestellt ist. Zwischen ihnen die Waage, auf der die Seele des Menschen geprüft wird. Neigt sich die Waage dem guten Engel zu, geleitet dieser die Seele ins Paradies. Ist das Gegenteil der Fall, muss die Seele dem Teufel in die Hölle folgen. Das Motiv ist schon alt. Es findet sich bereits in ägyptischen Darstellungen vom Totenreich, wo das Herz des Verstorbenen gewogen wurde.

Ein markantes Beispiel für diese Art der Darstellung ist die Altartafel der Kirche des heiligen Michael in Suriguerola, Spanien (siehe Bildteil Abb. 7). Im oberen Teil des Bildes sehen wir dort den Erzengel Michael zusammen mit Luzifer, der dieses Mal mit Hörnern und Krallen dargestellt wird. Sie schicken sich gerade an, die Seele eines Verstorbenen zu wiegen. Die guten Seelen werden von einem kleineren Engel dem heiligen Petrus übergeben, der über die Pforte zum Paradies wacht. Die Bösewichte jedoch werden in die Hölle geschleift, die im unteren Teil des Werkes dargestellt ist. Dort werden sie von Dämonen auf unvorstellbare Weise gequält.

Und immer noch Ungeheuer ...

Eine der eindrucksvollsten Darstellungen der Tiertradition findet sich im Schloss von Angers in Frankreich, in einer Handschrift, die auf das Jahr 1375 zurückgeht. Hier ist der Teufel ein kleines, geflügeltes Ungeheuer mit Löwenkopf, Hörnern, haarigem Körper und einem langen Schwanz. Im Gegensatz zu dem majestätischen Erzengel, der ihm gegenübersteht, wirkt er recht klein. Hier treten sich das Gute und das Böse offen gegenüber. Zwischen den beiden Figuren gibt es nichts Verbindendes. Der Teufel gehört zur Welt der Tiere, der Engel zu den übernatürlichen himmlischen Wesen.

Auch Spinello Aretino (1346–1410), ein Meister der freien Zeichnung, dessen lebendige Darstellungen vor Kraft nur so strotzen, malte Teufel mit Tierleib und dem Aussehen eines Ungeheuers. Einige davon können wir in dem wunderbaren, dem heiligen Bernhard gewidmeten Zyklus in der Kirche San Miniato in Florenz sehen. Der Heilige und seine Mönche haben einen Teufel eingekreist, als sei er ein wildes Tier, das unvermittelt ins Haus eingedrungen ist. Und man hat den Eindruck, dass sie ihn gleich ohne viel Federlesens vor die Tür setzen werden (siehe Bildteil Abb. 8).

Für den Künstler ist der Teufel eindeutig ein minderes Wesen. Jeder, der im Glauben sicher verankert ist, kann ihn mühelos besiegen.

Die Stundenbücher

Sehr schöne Luzifer-Darstellungen finden sich auch in den *Stundenbüchern*, den Gebetsbüchern, die Adlige und wohlhabende Kaufleute bei Künstlern in Auftrag gaben, um ihre Seele zu retten. Diese reich illustrierten Bücher enthielten für jede Stunde des kirchlichen Tages die entsprechenden Gebete und Messtexte, wodurch sie auch ihren Namen erhielten.

Auf einer Abbildung aus dem *Rohan-Stundenbuch* (1415), das sich heute in der Nationalbibliothek von Paris befindet, sehen wir, wie sich Luzifer und der Erzengel Michael unmittelbar nach dem Tod eines Menschen im Angesicht Gottes um die aus dem Körper ausgetretene Seele streiten. Luzifer hat den Körper eines wilden Tieres und die Flügel einer Fledermaus, aber ein menschliches Gesicht. Für den Künstler der *Grandes Heures de Rohan* ist der Fürst der Finsternis eine wahre Missgeburt (siehe Bildteil Abb. 9).

Unbekannter Meister: *Michael und der Drache.*
1375, Kodex von Angers, Frankreich.

Doch in anderen Stundenbüchern finden wir abweichende Satans-
darstellungen: zum Beispiel in den *Trés Riches Heures* des Herzogs von
Berry (siehe Bildteil Abb. 10), die 1415 entstanden sind und heute im
Musée Condé in Chantilly aufbewahrt werden. Dieser reich bebilder-

te Text wurde von den Brüdern Paul, Jean und Hermann Limbourg im Auftrag des Herzogs von Berry ausgeführt, der mehrere Schlösser besaß und ein ausgewiesener Kunstkenner, Buchliebhaber und Sammler war. Die beiden Bilder, die wir hier wiedergeben, zeigen sehr schön, wie unterschiedlich das Bild vom Fürsten der Finsternis gezeichnet sein kann. Auf dem ersten Bild sehen wir eine durch und durch mittelalterliche Hölle. Satan liegt darin ausgestreckt auf einem Bett aus glühenden Kohlen und stößt einen Feuerstrahl aus, in dem mehrere Sünder rösten. Rundherum stehen andere Dämonen, welche die Verdammten auf grausamste Weise foltern. Das zweite Bild hingegen ist die außergewöhnliche Darstellung vom Fall der aufständischen Engel (siehe Bildteil Abb. 11). Diese sind dargestellt in dem Moment, da sie aus dem Himmel vertrieben werden. Ihre Kleidung leuchtet in strahlendem Azurblau, ihre Flügel sind von Gold wie die der getreuen Engel, die im Angesicht Gottes sitzen. Hier ist es einzig die Haltung des Körpers – mit dem Kopf nach unten –, welche den Unterschied deutlich macht. Luzifer, der stolz und würdevoll den Anfang macht, ist in seiner goldblonden Schönheit einer der edelsten Engel, die je im Bild festgehalten wurden.

Die großen eschatologischen Visionen des Mittelalters und der Renaissance

Während des Mittelalters und teilweise auch noch während der Renaissance überwiegt zweifellos die Darstellung Luzifers als Ungeheuer. In diese Auffassung spielt sicher auch Dantes Vorstellung herein, der den Teufel in seiner Höllenvision als Monster beschreibt, das die Sündner auffrisst. Im 34. Gesang der *Hölle* schildert uns Dante den Widersacher Gottes. Der »Kaiser von dem Reich der Schmerzen« hat drei Köpfe, riesige Fledermausflügel und

Er weinte aus sechs Augen, an drei Kinnen
troff mit den Tränen blut'ger Geifer nieder.
In jedem Maul zerquetscht' er einen Sünder
mit seinen Zähnen, ähnlich wie man Flachs bricht,
sodass er drei in solcher Weise quälte.
(Göttliche Komödie, Hölle, XXXIV, 53–57)

Dante zählt auch die Strafen auf, die den Sünder in den einzelnen Bereichen der Hölle erwarten, und die Ungeheuer, die sie bevölkern. Zu diesem Zweck greift er weitgehend auf die griechisch-römische Mythologie zurück. Als Führer auf diesem Gang durch die Welt des Schreckens hat er sich den antiken Dichter Vergil ausgewählt. Beispielhaft sei hier die Beschreibung des Zerberus angeführt, des Höllenhundes, den Dante im 6. Gesang der *Hölle* auftreten lässt.

Und Cerberus, das Untier sondergleichen,
bellt aus drei Rachen, so wie Hunde,
die Schatten an, die dort am Boden liegen.
Rot ist sein Auge, schwarz der Bart und schmierig,
der Bauch geschwollen, krallig sind die Hände;
er kratzt die Geister, schindet und zerfleischt sie.
(Göttliche Komödie, Hölle, VI, 13–17)

Die berühmten Darstellungen des Jüngsten Gerichts, die uns vor allem aus dem 14., 15. und 16. Jahrhundert überliefert sind, ließen sich immer wieder von der erschöpfenden Darstellung der Jenseitswelt inspirieren, die der große italienische Dichter gegeben hat. Für das Christentum dieser Zeit ist das Jüngste Gericht ein wichtiges Thema. Daher wollen wir darauf kurz eingehen.

Die christliche Lehre geht davon aus, dass am Ende aller Zeiten Jesus Christus zu Gericht sitzen wird über gute und schlechte Menschen, die – nach dem weisen Urteil Gottes – ihren gerechten Lohn oder ihre gerechte Strafe empfangen werden. Das Weltengericht ersetzt nicht etwa das individuelle »Wiegen der Seele« unmittelbar nach dem Tod. Es ist vielmehr als triumphale Demonstration göttlicher Gerechtigkeit gedacht, als Ausweis der göttlichen Ordnung, welche die Welt seit Anbeginn aller Zeiten beherrscht. An das Jüngste Gericht schließt sich auch die Auferstehung des Fleisches an: Engel stoßen in Posaunen, und die Menschen aller Zeiten werden zum Leben erweckt und erhalten ihren Körper zurück, wobei die körperliche Ebene ebenfalls in die Belohnung bzw. Bestrafung mit einbezogen wird. Wann dies alles geschehen wird, bleibt allerdings im Dunkeln. Wir wissen, dass die Menschen um die vorletzte Jahrtausendwende ängstlich auf das Ende aller Zeiten warteten. Von diesem Zeitpunkt ab findet sich das Thema immer wieder in künstlerischen Darstellungen.

Die großen Kunstwerke um das Jüngste Gericht und die Auferstehung hatten vor allem wichtige pädagogische und soziale Funktionen. Sie sollten das Volk belehren und erziehen, in ihm Todesfurcht und Höllenangst erwecken, ihm vor allem aber den christlichen Heilsgedanken nahe bringen: Das irdische Leben sollte auf das ewige Leben hin ausgerichtet werden. Dies waren die spirituellen und sozialen Ziele der Auftraggeber dieser Werke, meist reiche Bürger, die als Beweis ihres Glaubens – und ihrer Macht, Kunstwerke, vor allem Fresken für die Kirche, stifteten.

Die älteste uns bekannte Darstellung des Jüngsten Gerichts ist gleichzeitig eine der aussagekräftigsten (Siehe Bildteil Abb. 12–14). Von unbekannter Hand geschaffen finden wir sie – perfekt erhalten – in der Kirche *Santa Maria Assunta* auf der venezianischen Insel Torcello. Sie wird auf das 12. Jahrhundert datiert. Das riesige Mosaik ist an der Innenseite der Kirchenfassade angebracht, wie es dem byzantinischen Brauch entsprach. So nahmen die Gläubigen beim Verlassen der Kirche eine eindrückliche Mahnung an das, was sie im Jenseits erwartete, mit nach Hause, was sie wiederum dazu anspornte, ihr Leben nach christlichen Regeln auszurichten.

Bei der Betrachtung des detailreichen Mosaiks beschränken wir uns – dem Thema gehorchend – natürlich auf die Figur des Luzifer und die Bestrafung der Verdammten. Interessant ist auch, dass das Epos des großen Florentiners Dante mit Sicherheit noch keinerlei Einfluss ausübte, da das Mosaik älter ist als *Die Göttliche Komödie*. Luzifer wird uns nicht etwa als tiergestaltiges Ungeheuer präsentiert, sondern als kräftiger, alter Mann mit weißem Bart und weißen Haaren. Er sitzt auf einem Thron, der von einem doppelköpfigen Ungeheuer gebildet wird, das mit jedem seiner Mäuler gerade einen menschlichen Körper verschlingt. Dieser Alte ist also der Gegenspieler Gottes. Auf den Knien hält Luzifer seinen Sohn, den Antichrist. Beide werden von sieben Teufelchen umflattert, kleinen geflügelten Engeln mit bösem Gesichtsausdruck, die vielleicht die sieben Todsünden symbolisieren. Sie quälen die Sünder, die in den Flammen brennen, in die sie von den großen Engeln zur Linken mit langen Stangen gedrückt werden. Soweit wir wissen, ist dies das erste und einzige Mal, dass Luzifer auf diese ungewöhnliche Weise dargestellt wurde.

Die restlichen Szenen zeigen – dem mittelalterlichen Gesetz der Wiedervergeltung folgend – die Strafen der Sünder: die Wollüstigen werden von den Flammen der Leidenschaft verzehrt, die Schlemmer nagen nackt ihre eigenen Hände ab, die vom Hass Zerfressenen (im Mittelalter eine »kalte« Untugend) frieren in eisigem Wasser, die Neider sind hier zu Schädeln geworden, aus deren Augen (womit sie neidvolle Blicke auf fremdes Gut geworfen haben) Schlangen kriechen, und die abgeschlagenen Köpfe der Geizigen, die ihres wertvollsten Besitzes, des Körpers, beraubt sind, glühen ebenfalls im Feuer. Die zweite Hälfte des gigantischen Freskos zeigt paradiesische Szenen vom Ort der Erwählten, die in heiterer Gelassenheit ein Gegengewicht zu den Höllenqualen schaffen.

In der Kirche *Santa Maria Novella* in Florenz stoßen wir in der Strozzi-Kapelle auf eine weitere bedeutsame Darstellung des Themas. Nardo di Cione Orcagna hat sie zwischen 1350 und 1357 geschaffen. Das leider stark zerstörte Fresko zeigt eine typisch danteske Hölle, in der Dämonen als Kerkermeister die verdammten Seelen foltern. Besonders eindrucksvoll ist ein Zerberus, der einen Sünder verschlingt, während er zwei andere mit seinen Krallen packt – in der offenkundigen Absicht, ihnen dasselbe Schicksal zuteil werden zu lassen (siehe Bildteil Abb. 15).

Ebenfalls in Santa Maria Novella finden wir einen der interessantesten malerischen Komplexe des 14. Jahrhunderts. Durch den pittoresken Kreuzgang betritt man die Spanierkapelle, wo wir die Fresken des Andrea da Bonaiuto, genannt Andrea da Firenze, finden. Eines davon zeigt Christi Abstieg in die Hölle, wo er auf die alttestamentarischen Väter trifft. Im Glorienschein tritt er ihnen entgegen, während aus den Ecken und Ritzen des Berges tiergestaltige Teufel mit Bocksfüßen und Fledermausflügeln hervorlugen, die sich jedoch nicht hervorwagen (siehe Bildteil Abb. 16).

In Rom lebte und arbeitete gegen Ende des 13. und zu Beginn des 14. Jahrhunderts Pietro Cavallini, dessen Kunst nicht nur von frühchristlichen Motiven geprägt ist, sondern auch deutlich byzantinisch-romanische Einflüsse zeigt. Sein hoher künstlerischer Rang offenbart sich, wenn wir sein Fresko *Das Jüngste Gericht* betrachten, das er für die Innenseite der Fassade von *Santa Cecilia* in Trastevere gemalt hat (siehe Bildteil Abb. 17). Leider lässt sich dieses Werk heute nur noch betrachten, wenn man zur Empore hinaufsteigt, da man im Barock eine Klausurkapelle für die Nonnen vor die Wand gesetzt hat, was zwar sehr praktisch gewesen sein mag, doch den gesamten unteren Teil des Freskos, die Darstellung der Hölle nämlich, vollkommen zerstörte. Man sieht nur noch den Kopf eines Dämonenungeheuers und ein paar Feuerzungen. Daher dürfen wir annehmen, dass die Höllenvorstellung Cavallinis sich von der seiner Zeitgenossen nicht sonderlich unterschied. Deutlich aber wird auch, dass Cavallini der Darstellung des Paradieses mehr Bedeutung beimaß. Seine wunderbar erhaltenen Engel, die im farbigen Lichtgewand strahlen, gehören zu den schönsten, die je gemalt wurden. Auch Luzifer war einst Teil dieses Reiches. Da ich Ihnen diese Pracht nicht vorenthalten möchte, durchbrechen wir hier die einheitliche Thematik der Abbildungen, und fügen ein Engelbild hinzu, um all die Höllendarstellungen auszugleichen.

Der Wucherer Enrico Scrovegni aus Padua beauftragte zu Anfang des 13. Jahrhunderts den berühmten Maler Giotto di Bondone (circa 1266–1337) damit, eine Kapelle auszumalen, die er zu Ehren der Jungfrau Maria hatte errichten lassen. Das Höllenfresko darin ist das größte und bedeckt die ganze Eingangswand. Jeder Kirchenbesucher sieht dieses Werk als Letztes, bevor er die Kirche verlässt. Im Zentrum steht der Recht sprechende Christus, umgeben von Engeln, die den verstorbenen Seelen bei der Wiederauferstehung helfen, sie ins Paradies geleiten oder in die Hölle bringen. Und diese Hölle ist eindeutig mittelalterlich. Wir begegnen hier dem Motiv vom Teufel wieder, der die Sünder verschlingt. Auch werden die Verdammten vorher allen möglichen Martern unterworfen. Auffällig jedoch ist, dass der der Höllendarstellung gewidmete Teil der bewegteste und lebendigste des ganzen Freskos ist. Ihn hat der Künstler ganz offensichtlich selbst gemalt. Die übrigen Partien wurden überwiegend von Hilfskräften ausgeführt.

In der Scrovegni-Kapelle findet sich noch ein anderes Fresko, das den Teufel zeigt (siehe Bildteil Abb. 19–20). Hier sehen wir ihn, wie er Judas verführt, sodass dieser Jesus verrät. Hier ist Giottos Teufel ein schwarzes, mageres Tier mit Wolfsgesicht und langen Klauen. Am stärksten fällt ins Auge, dass diese Figur zweidimensional flächig gehalten ist (psychologisch gesehen würden wir sie vielleicht sogar eindimensional nennen), was für den Künstler, der das plastische Moment in die italienische Malerei einführte, doch ungewöhnlich ist. Gegenüber den anderen Akteuren, in deren ausdrucksvoller Mimik sich das volle Ausmaß des dramatischen Geschehens spiegelt, wirkt der Teufel doch ziemlich blass. Er wirkt absolut nichts sagend. Man könnte fast meinen, dass Giotto ihn einfach nicht malen konnte. Vom künstlerischen Standpunkt aus betrachtet liegt das Niveau der Ausführung weit unter dem der anderen Figuren. Auch die Engel, die Giotto hundertfach dargestellt hat, nehmen einen eigenen Raum ein, sein Teufel aber nicht. Er ist reiner Schatten, eine Abstraktion, ohne jeden eigenen Charakter.

Nicht einmal Donatello, einem der größten Bildhauer Italiens, gelang es, einen überzeugenden Teufel darzustellen. Der Teufel jedenfalls, der auf einer der Bronzetafeln zu sehen ist, die Cosimo Il Vecchio für die Decke der Kirche San Lorenzo in Auftrag gab und die 1461 ausgeführt wurden, ist alles andere als beeindruckend. In der Darstellung von Christi Abstieg in die Vorhölle ist der Teufel kaum zu erkennen: Ganz klein, den anderen Figuren deutlich unterlegen, nimmt er einen Platz weit außerhalb der Bildmitte ein. Und er wirkt dabei nicht gerade majestätisch mit seinen Fledermausflügeln und den Raubvogelkrallen. Ganz im Gegenteil scheint er von Furcht ergriffen zu fliehen. Wirklich ein »armer Teufel«, ein mageres Fröschlein, das zum Sprung ansetzt, um sich vor der Majestät Jesu in Sicherheit zu bringen (siehe Bildteil Abb. 21).

Auch der Dominikanermönch Giovanni da Fiesole, besser bekannt als Fra Angelico, setzte sich mit dem Thema des Jüngsten Gerichts auseinander. Ein gewaltiges Tafelbild, das er um 1430 malte, wird heute im Museum seines Klosters San Marco in Florenz aufbewahrt (siehe Bildteil Abb. 23–24). Das kostbare Monumentalgemälde zeigt im oberen Teil Christus, der im Glorienschein zwischen den Heiligen sitzt. In der linken Bildhälfte ist das Paradies abgebildet, in dem die Engel und die Auserwählten in fröhlichem Reigen tanzen, in der rechten hingegen eine Hölle von typisch mittelalterlichem Zuschnitt: Die Verdammten leiden im Feuer, werden in riesigen Kesseln gekocht und von tiergestaltigen Teufeln gegeißelt. In ihrer Mitte verschlingt ein gewaltiger schwarzer Dämon drei Sünder auf einmal – wie in Dantes *Hölle*.

Eine andere, weniger bekannte Darstellung des Themas finden wir in der Paradieskapelle der Kirche von San Francesco in Terni in Umbrien (siehe Bildteil Abb. 25–26). Sie entstand etwa 1455 von der Hand Bartolomeos di Tommaso aus Foligno, dessen kraftvoller Stil mit dem Masaccios verglichen werden kann. Leider wurde die Kapelle von den Franziskanermönchen lange als Magazin genutzt, sodass das Fresko stark gelitten hat. Die Kapelle wurde erst 1861 wieder der Öffentlichkeit zugänglich gemacht und seitdem mehrfach restauriert. Die Restaurierungsarbeiten von 1986 haben das Fresko, so weit es möglich war, wieder hergestellt. Natürlich erkennen wir darin Züge der dantesken Hölle. Wir dürfen nicht vergessen, dass *Die Göttliche Komödie* im 15. Jahrhundert das Lehrwerk war, mit dem man dem Volk die Wirklichkeit der Jenseitsreiche nahe brachte. Doch darüber hinaus ist darin auch der Einfluss des berühmten Predigers Giacomo della Marca spürbar, der seinerseits ein Schüler des heiligen Bernhard von Siena war. Von ihm weiß man, dass er mehrere Male in Terni war und sogar in der Franziskuskirche gepredigt hat. Eine seiner Predigten, die aufgezeichnet wurde und heute als Handschrift in der

Abbildung 1
Raffaello Sanzio: *Adam und Eva.* 1508,
Vatikan, Detail aus den Fresken der *Stanza
della Segnatura* im Vatikan.

Abbildung 3
Druck aus dem 16. Jahrhundert:
*Der Teufel, der die Liebenden
zusammenbringt*; er zeigt deutlich,
wie sehr man der fleischlichen Vereinigung dämonischen Charakter
zuordnete.

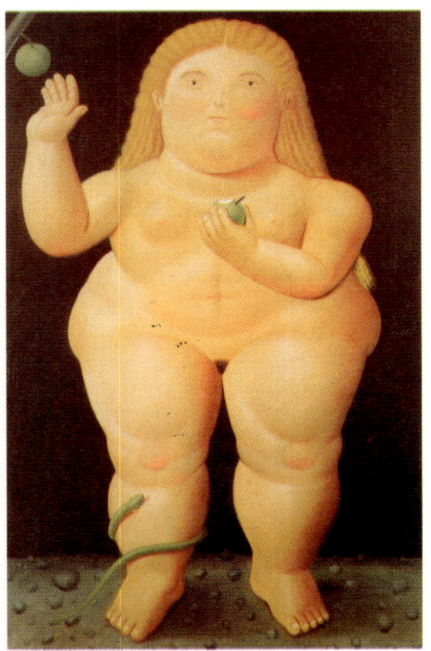

Abbildung 2
Fernando Botero (*1932): *Eva.* 1989.

Abbildung 4
Unbekannter Meister: *Christus, der die Kräfte des Bösen zertritt.*
Mosaik aus der Kapelle des *Museo Arcivescovado*
in Ravenna (5.–6. Jahrhundert).

Abbildung 5
Unbekannter Meister: *Die Tugendleiter*. Kloster der
heiligen Katharina von Alexandrien auf Sinai,
12. Jahrhundert.

Abbildung 6
Duccio da Boninsegna: *Die Versuchung auf dem Berg*. New York, Frick Collection,
14. Jahrhundert.

Abbildung 7
Unbekannter Meister: *Das Wiegen der Seelen*. Altarabbildung in
der Michaelskirche von Suriguerola, Spanien.

Abbildung 8
Spinello Aretino (1346–1410):
Der heilige Benedikt vertreibt den Teufel,
Kirche San Miniato, Florenz, Italien.

Abbildung 9
Unbekannter Meister: »Die Seele nach dem Tod«,
aus den *Grandes Heures de Rohan* (1415).

Abbildung 10
Paul, Jean und Herman Limbourg: »Die Hölle« aus:
Les Trés Riches Heures du Duc de Berry. Ende des 15. Jahrhunderts,
Musée Condé, Chantilly, Archiv Alinari-Giraudon, Frankreich.

Nationalbibliothek von Neapel aufbewahrt wird, handelt vom Jüngsten Gericht – *De Judicio extremo*. Deren Ideen und Vorstellungen finden sich in der Darstellung von Bartolomeo di Tommaso wieder, als habe dieser versucht, die Predigt des berühmten Mannes ins Bild zu setzen: Giacomo della Marca rief die streitenden Parteien seines Landes zur Einigung auf und versuchte, die Menschen seiner Zeit mit drastischen Bildern von Lohn und Strafe im Jenseits zu einem rechtschaffenen Lebenswandel anzuregen. So sind die Figuren vielleicht noch der mittelalterlichen Bilderwelt entnommen, ihre Dynamik und Ausdruckskraft aber weist bereits auf die Renaissance voraus.

In der Hochrenaissance nehmen die Darstellungen des Jüngsten Gerichts an Zahl deutlich ab. Die wenigen jedoch, die uns erhalten sind, vor allem die von Luca Signorelli und Michelangelo, sind von unglaublicher Dichte.

Luca Signorelli (1450–1523) wurde in Cortona geboren und war Schüler von Piero della Francesca. Er hatte die Bildwerke des Malers von Terni ausführlich studiert. Seine Fresken in der Brizio-Kapelle im Dom von Orvieto wurden von der Familie Monaldeschi in Auftrag gegeben und zwischen 1499 und 1504 ausgeführt. Als einer der bedeutendsten Bilderzyklen der Renaissance gehören sie zu den originellsten und innovativsten Werken jener Zeit. Niemals zuvor wurden die großen eschatologischen Themen wie Tod, Weltengericht, Hölle und Paradies umfassender und detailgenauer dargestellt (siehe Bildteil Abb. 27).

So schuf Luca Signorelli in Orvieto ein Werk, das später noch Leonardo da Vinci, Bramante und Michelangelo inspirieren sollte. Seine Figurendarstellungen sind von solcher Kraft, dass er nur vom großen Michelangelo selbst übertroffen werden konnte. Tatsächlich sind diese Bilder die ersten großen Darstellungen nackter Körper in der Renaissance. Die große geistige Innovation aber liegt in der Teufelsdarstellung. Hier sind die Teufel keine wilden Tiere mehr, sondern nackte, starke und sinnliche Menschengestalten. Sie ziehen wilde Grimassen, noch Schrecken erregender aber wirkt ihre grünliche Körperfarbe: wahre Dämonenkreaturen, die trotzdem an der schmerzhaften Wirklichkeit der von ihnen Gefolterten teilzuhaben scheinen, da sie doch in engem körperlichen Kontakt mit ihnen stehen und ihnen so sehr ähneln.

Ein Maximum an Ausdruckskraft erreicht Signorelli in der Fratze des Dämons mit den Klauenflügeln, der die große Hure Babylon (Offenbarung XVII, 1), Symbol aller Übel dieser Welt, mit sich in die Tiefe trägt (siehe Bildteil Abb. 18).

Im 16. Jahrhundert sollte Michelangelo die Motivik des Weltengerichts grundlegend revolutionieren. Seine Fresken in der Sixtinischen Kapelle entstanden zwischen 1536 und 1541 und stellen zweifellos den Höhepunkt seines künstlerischen Schaffens dar. Vasari schreibt in seinen Künstlerbiografien, dass dieses Werk seiner Ansicht nach direkt von Gott inspiriert sei. Auf seinem riesigen Fresko (siehe Bildteil Abb. 22) führte der Künstler so manches Element ein, das vorher undenkbar gewesen wäre. So schaffte er das Wiegen der Seelen ab und setzte Minos als Richter der Hölle ein. Er ist es, der über die Verdammten urteilt und ihnen ihren Platz im infernalischen Reich anweist. Der Fährmann Charon holt sie am Styx, dem Höllenfluss, ab und bringt sie ins Jenseitsreich. Schon hier zeigt sich Michelangelos Werk ebenso von der griechischen Mythologie wie von Dantes Jenseitsvision inspiriert.

Mit Michelangelo endet die hergebrachte Darstellung des Jüngsten Gerichts, wie wir sie bisher kennen gelernt haben. Sein ganzes Fresko zeigt lebhafte Bewegtheit. Zahllose Figuren drängen sich um einen hellenistisch aufgefassten Christus ohne Bart. Auch die Engel haben ihre Flügel eingebüßt, und die Dämonen besitzen weder Hörner noch Mistgabeln. Doch auch wenn die Auserwählten und die Verdammten in der Körpergestaltung kaum noch unterscheidbar sind, so wird doch ziemlich deutlich, wer zu welcher Gruppe gehört. Der Ausdruck von Leid und Furcht, der sich auf den Gesichtern der verstoßenen Seelen abzeichnet, ist nicht zu übersehen (siehe Bildteil Abb. 28). Viele der Gequälten verdecken ihr Gesicht mit Händen, während sie von den Dämonen in die Tiefe gezerrt werden. Statt der klaren Trennung zwischen Auserwählten und Verdammten sehen wir, wie Engel und Dämonen um die Seelen der eben Verstorbenen streiten. Auf der linken Seite steigen die Seligen aus eigener Kraft oder mit Hilfe der Engel ins Paradies auf. Rechts und unten hingegen findet der Kampf um die Seelen der Sünder statt. Auch für dieses Motiv der höchsten Verzweiflung findet die Renaissance neue Ausdrucksmöglichkeiten.

Der Erzengel Michael, der Drache und die gefallenen Engel

Auch der Sturz der gefallenen Engel selbst sowie der Kampf Michaels mit dem aufbegehrenden Luzifer war häufig Thema künstlerischer Auseinandersetzung. Auch hier variiert die Art der Darstellung je nach der Zeit

Martin Schongauer: *Michael und Luzifer*. 15. Jahrhundert.

ihres Entstehens: Teils lebt Luzifer hier als Drache weiter, teils als Engel. Wir finden ihn aber auch als Insekt, Mensch oder Sirene.

Martin Schongauer (1453–1491) zum Beispiel, der große Elsässer Maler, erweist sich als stark von Albrecht Dürer und von Raffael inspiriert. Er zeigt uns Luzifer als abscheuliches Ungeheuer mit Fangarmen, durchbohrt von der Lanze des sanft blickenden Erzengels Michael.

Der Holländer Hieronymus Bosch (1450–1516) hinterließ uns ebenfalls viele originelle Interpretationen des Teufels und des Bösen. Bosch, über dessen Leben wir leider nur sehr wenig wissen, galt als beunruhigende Persönlichkeit. Seine Malkunst steht als solche einzigartig da und fällt in vielerlei Hinsicht aus dem traditionellen Rahmen heraus. Reich an Symbolismen, Verweisen auf esoterisches Wissen, astrologische und alchemistische Kenntnisse harren seine Bilder immer noch der kompletten Entschlüsselung. Offenkundig war Bosch stark in der Volkskultur verwurzelt, aber auch die katholische Theologie, die Welt der Mythen und Fabeln waren ihm wohl bekannt. Darüber hinaus verstand er es, das Leben in seinen alltäglichsten Aspekten zu erfassen.

Von den vielen Darstellungen des Dämonischen, die wir in seinen Werken finden, wollen wir hier die Szene »Der Tod« aus seinem Werk *Die sieben Todsünden* (siehe Bildteil Abb. 29) betrachten. Das Gemälde hängt im Prado von Madrid und zeigt uns einen weiß gekleideten Engel und ein schwarzes Teufelchen mit Drohgebärde und langem Schwanz, die beide darauf warten, dass der Tod, der hinter der Bettstatt hervorlugt, den Sterbenden mit seiner Lanze durchbohrt. Ohne jeden Zweifel werden die beiden überirdischen Figuren um die Seele des Sterbenden streiten. Der Teufel trägt zur Hälfte die Züge eines bösartigen Tieres, zur Hälfte die eines nichtirdischen Ungeheuers – eine Figur, die eindeutig der mittelalterlichen Welt zugehört.

Ganz anders hingegen ist die Darstellung der aufständischen Engel, wie wir sie im *Heuwagen-Triptychon* finden (siehe Bildteil Abb. 31): Hier werden die Dämonen als Insektenschwärme dargestellt. Dies unterstreicht zum einen ihre enorme Beweglichkeit, zum anderen ihre Fähigkeit, von einem Moment auf den nächsten zuzuschlagen, unabhängig von Ort und Person.

Exemplarisch zeigt sich diese Entwicklung des Luziferbildes auch bei einem großen italienischen Künstler, bei Raffaello Sanzio (1483–1520), der dieses Thema zwei Mal bearbeitete.

Das 1505 entstandene Werk (siehe Bildteil Abb. 33) zeigt sich noch durchaus mittelalterlich: Die formale Eleganz überwiegt, was die Bewegung im Bild ein wenig steif erscheinen lässt. Luzifer ist als Drache dargestellt, und zwar als einer der scheußlichsten, die jemals ihren Weg auf die Leinwand fanden.

13 Jahre später, also 1518, nimmt sich der Künstler noch einmal dieses Themas an (siehe Bildteil Abb. 36). In der Zwischenzeit hat Rom, wo er lebte, die große Lektion der Plastizität und Dynamik erfahren, die Michelangelo der Stadt erteilte. (1512 entstanden in der Sixtinischen Kapelle im Vatikan die Deckenfresken mit den Motiven der Schöpfungsgeschichte, der Sintflut, der Sybillen und Propheten.) Und Sanzio nahm diese Anregung kongenial auf. So unterscheidet sich diese Darstellung von der ersten ganz erheblich: Alles ist in Bewegung. Der Schwung der beiden kämpfenden Figuren ist nicht zu übersehen. Ein Engel mit Flügeln, mit menschlichem Gesicht und Körper nimmt die Stelle des Drachen ein – besiegt, doch immer noch hochmütig. Er lebt auf derselben Ebene der Wirklichkeit wie der Erzengel, auch wenn dieser Sieger ist und der Dämon am Boden liegt.

Von nun an verschwinden die Drachen zusehends, wenn es auch einige Ausnahmen gibt. Eine dieser Darstellungen erregt unser Interesse wegen der merkwürdigen Gestalt, die der Erzengel unterwirft. Sie ist in der Pfarrkirche von Castellabate in der Provinz Salerno im Süden Italiens zu sehen (siehe Bildteil Abb. 37). Mit Öl auf einer Holztafel hat hier ein unbekannter Künstler in der zweiten Hälfte des 16. Jahrhunderts ein Bild hinterlassen, auf dem wir den Erzengel Michael erkennen. Er hat einen Teufel bekämpft und niedergerungen, der eindeutig einer Sirene ähnelt. (Man sagt, es stelle die Frau dar, in die der Künstler unsterblich verliebt war.) Unübersehbar ist das wunderschöne Frauenantlitz über dem kurvenreichen Körper, der in einen dicken Drachenschwanz übergeht. Ihre Flügel sind vergleichsweise klein. Auch hier sind gewisse Reminiszenzen an die klassische Bildung nicht zu übersehen, soll doch in Castellabate die Sirene Leukosia gelebt haben, die mit ihrem Gesang die Seefahrer in den Tod lockte. Odysseus ließ sich einst von seinen Gefährten, nachdem er ihnen die Ohren mit Wachs verstopft hatte, an den Mast seines Schiffes binden, sodass er dem betörenden Gesang lauschen konnte, ohne von seinem Verlangen nach der Sängerin ins Verderben geführt zu werden. Höchstwahrscheinlich ist es diese Sage, welche die Fantasie des Malers zu dem ungewöhnlichen Bild angeregt hat. Vielleicht wollte unser unbekannter Künstler aus Castellabate aber auch andeuten, dass der Teufel nichts anderes sein kann als Versuchung und Qual – zwei Dinge, die nach seiner Meinung ihren höchsten Ausdruck im Wesen der Frau finden.

Das Werk des Sieneser Künstlers Domenico Beccafumi (1486–1551), ein Schüler des Florentiner Klassizismus um Raffael und Fra Bartolomeo, zeigt, dass das Motiv des Ungeheuers im 16. Jahrhundert seine Symbolkraft weitgehend eingebüßt hat. Sein *Michael und die gefallenen Engel* stellt die Aufständischen als nackte Männer ohne Horn und Bocksfuss dar. Auf ihren Gesichtern zeigen sich Furcht und Leid, während der siegreiche Engel sicher und stark wirkt. Im ganzen Bild findet sich nicht die geringste Anspielung auf Drachen, Lindwürmer oder andere Tiergestalten.

Für Jacopo Robusti (1518–1594), den wir heute unter dem Namen Tintoretto kennen, gilt dasselbe. Auf seinem *Michael und der Drache*, das er für die Kirche des San Giuseppe in Castello in Venedig malte, ist der siegreiche Erzengel im Glorienschein dargestellt, während der elegante Edelmann nur durch Hörner und lange Klauen als Dämon identifziert werden kann.

Einen besonderen Eindruck hinterlässt uns Lorenzo Lottos (1480–1556) *Michael und Luzifer* (siehe Bildteil Abb. 34). Der begabte Künstler verfügte über eine außergewöhnliche Fähigkeit im Bildaufbau, welche er durch Licht- und Schattenwirkung noch zu unterstreichen wusste. Lotto arbeitete in Rom, in den Stanzen des Vatikans. Höchstwahrscheinlich kam er dort auch mit Domenico Beccafumi zusammen, ganz sicher aber hatte er Signorellis Werk in Orvieto studiert. 1552 zog es Lotto nach Loreto, wo er als Laienbruder im Kloster des Heiligen Hauses lebte. Zu jener Zeit entstand sein Bild, das heute noch im *Palazzo Apostolico* von Loreto aufbewahrt wird. Das Werk ist von großer malerischer Originalität. Gewöhnlich nämlich wird der Erzengel Michael stehend dargestellt, fest in der Erde verankert, Symbol seiner Macht. Lorenzo Lotto hingegen löste diese Ordnung mit künstlerischer, ja geradezu philosophischer und religiöser Intuition auf und schuf eine diagonale Bildachse, an deren Enden wir jeweils den Erzengel und Luzifer finden. Der eine oben stehend und bekleidet, der andere mit dem Kopf nach unten und nackt. Beide jedoch sind vollkommen identisch: dasselbe Gesicht, derselbe Körper, dieselben Flügel. Luzifer wird hier zum Alter Ego Michaels. Er ist ebenso mutig und hat nichts von seiner edlen Gestalt verloren, auch wenn er besiegt und aus dem Himmel vertrieben wurde.

Ein ähnliches Motiv finden wir auf einem Bild, das Guido Reni, der große Barockmaler, für die Kapuzinerkirche in Rom malte: Ein strahlender Erz-

Eugène Delacroix: *Der fliegende Dämon.* 19. Jahrhundert.

engel, der Luzifer unterwirft. Doch so schön der Engel uns entgegentritt, so nobel wirkt auch Luzifer, der immer noch seine Flügel trägt, obwohl er besiegt wurde. Das züngelnde Rot seiner Darstellung ist ein Hinweis auf seine verhaltene Kraft (siehe Bildteil Abb. 35).

Luzifer – Held und Edelmann

Erst mit John Milton und seinem berühmten Epos vom verlorenen Paradies verändert sich das Bild vom Teufel endgültig. Bei Milton ist Luzifer ein mächtiger Gegner, der den Thron Gottes tatsächlich gefährden kann, ein mutiger Kämpfer, dem der Autor seine Bewunderung nicht versagt. Große Künstler wie Byron, Shelley, Baudelaire und William Blake sahen in Miltons Satan eine heldenhafte Figur: den Repräsentanten der menschlichen Freiheit, der gegen jede Form der Unterdrückung ankämpft.

In seinem Aufsatz *Über den Dämon und die Teufel* (1819) schreibt Shelley: »Miltons Teufel ist ein Wesen, das Gott moralisch weit überlegen ist, einer, der trotz aller Widrigkeiten und körperlichen Schmerzen von der Verfolgung des von ihm als gut erkannten Ziels nicht ablässt: die Rebellion gegen jenen, der in der kalten Sicherheit des unbezweifelbaren Triumphes mit der schlimmsten Rache straft, nicht um ihn zur Buße zu bewegen, sondern um ihn zu quälen und der Verzweiflung anheim zu geben.«

Auch Baudelaire schreibt in seinen Tagebüchern (*Mon côeur mis à nu*), bei Milton die Definition für vollkommene Schönheit gefunden zu haben: »Schönheit ohne Auflehnung ist für mich schlechterdings nicht vorstellbar. Daher ist das wohl beste Beispiel für männliche Schönheit Satan – wie Milton ihn zeichnet.«

Hier ist nun die Wandlung des abstoßenden Drachenungeheuers zum Symbol menschlicher Schönheit ein für alle Mal vollzogen. Sie rührt aus der zunehmenden Fähigkeit des Menschen, den großen Mythos von Gut und Böse zu begreifen. William Blake, dem berühmten Maler und Dichter, kommt es nun zu, den neuen Luzifer darzustellen: in vollkommener Schönheit, strahlend, jung und mutig (siehe Bildteil Abb. 30).

Auch Eugène Delacroix, der große französische Maler, der von 1798 bis 1863 lebte, hinterließ uns ein Bild des neuen Dämons: Seine kraftvolle fliegende Gestalt zeigt, wie der Künstler über den Lichtträger denkt.

Das 19. Jahrhundert sah im Teufel meist einen Mann, sogar einen eleganten Edelmann von gutem Geschmack, der häufig reich war. Hin und wieder tritt er aber auch als armseliger Poet oder abgerissener Kuppler auf. Die Schriftsteller, die sich seiner angenommen haben, beschrieben ihn in der Mehrzahl der Fälle mit kaum verhohlener Bewunderung, in die sich aber auch ein klein wenig Unbehagen mischte: Vermutlich wollten sie ihre wahren Gefühle nicht allzu deutlich enthüllen.

Für Fjodor Dostojewski zum Beispiel ist der Teufel ein wahrer Gentleman, ein etwa 50-jähriger Russe mit langem, dichtem Haar und leicht grau meliertem Spitzbart. Seine Kleidung ist von bester Machart, auch wenn sie schon ein wenig alt und abgetragen erscheint. Ein Herr, der mit dem Protagonisten philosophiert und ihn mit seinen ungewöhnlichen Ansichten zum Nachdenken bringt.

Der Teufel des Adelbert von Chamisso ist »ein stiller, dünner, hagrer, länglichter, ältlicher Mann«, der einen »altfränkischen, grautaftenen Rock« trug, aus dessen Taschen er die wunderbarsten und unglaublichsten Sachen hervorzieht.

Auch der Teufel, mit dem sich Baudelaire unterhält, ist ein großer Herr, ein begabter Redner, geschickter Spieler und vollkommener Gastgeber. Dabei sind seine philosophischen Ausführungen tief gehend.

Carduccis Satan ist gar der »Rächer der Vernunft«. Äußerlich beschreibt der Dichter den Fürsten der Finsternis nicht, doch jeder, der diesen Hymnus liest, kann gar nicht anders, als ihn sich von Kraft und Licht umflutet vorzustellen, wie er seinen »Feuerwagen« lenkt. Ein moderner Prometheus, der alles Dunkle, Gemeine, Niedrige und Schlechte besiegt.

Aus dieser Zeit fehlen uns Darstellungen des Teufels, doch sollen uns hier die Beschreibungen der Dichter genügen.

Nur in den Illustrationen zum *Faust* hat uns das 19. Jahrhundert zahlreiche Teufelsdarstellungen hinterlassen. An diesem Werk hat Goethe sein Leben lang gearbeitet, um uns damit ein Sinnbild der modernen Seele zu schenken, die nach immer höheren Idealen strebt.

Ein Druck aus dieser Zeit (siehe Bildteil Abb. 38) zeigt uns Mephisto (für den Goethe unter den vielen möglichen ausgerechnet diesen Namen wählte) als elegant in Rot gekleideten Herrn, der der alten Marthe, der Nachbarin und Freundin Gretchens, die Faust bald verführen wird, vertraulich ins Ohr flüstert. Hier wird der Teufel wirklich zum Versucher. Er ist es, der die Geschichte vom verliebten Mädchen mit all dem Unglück, das daraus folgen wird, erst in Gang bringt. Gretchen allerdings findet am Ende trotz der begangenen Irrtümer Gnade, weil ihre Seele zutiefst rein und sie selbst gewillt ist zu büßen. Ihre Errettung zeichnet im Stück das Schicksal Fausts vor.

Luzifer heute

Überraschenderweise finden wir Luzifer im 20. Jahrhundert wieder auf den Seiten des »Roten Buches« von Carl Gustav Jung, dem Begründer der Tiefenpsychologie. Dabei hat dieses »Rote Buch« eine Geschichte, die in unserem Zusammenhang durchaus von Bedeutung ist.

Nach dem Bruch mit Sigmund Freud, als dessen Nachfolger C. G. Jung lange Zeit galt, erlebte Jung eine Zeit der Desorientierung, in der er um eine neue Sicht der Psychologie rang, die nicht nur ihm selbst, sondern auch seinen Patienten Fortschritte ermöglichen sollte. Also begann er mit einem »Selbstversuch«: Er zeichnete alle Fantasien und Inhalte des Unbewussten auf und setzte sich damit auseinander. Dieser Prozess war wie eine Art Meditation. Bald stellte er fest, dass diese inneren Bilder – entgegen allen Erwartungen – keineswegs nur auf persönliche Erlebnisse zurückgehen. Einige davon waren von eindeutig mythischer Natur, so als stiegen sie aus einer kollektiven Region der Psyche auf: Diese Sphäre nennen wir seitdem das kollektive Unbewusste.

Aus den Beschreibungen dieser inneren Bilder entstand Jungs »Rotes Buch«, weil er sie ursprünglich in einem in rotes Leder gebundenen Tagebuch festhielt. Dieses Buch illustrierte er mit eigener Hand; er selbst sah diese Zeichnungen nicht als Kunstwerke an, sondern als bildhafte Aufzeichnungen dessen, was in seiner Seele geschah. In seinem autobiografischen Buch *Erinnerungen, Träume, Gedanken* schreibt C. G. Jung: »Die wichtigsten Jahre meines Lebens waren jene, in denen ich meinen inneren Bildern folgte. Damals entschied sich alles Wesentliche. Alles nahm zu dieser Zeit seinen Anfang … Das Material, das ich damals aus dem Unbewussten barg, … war das Rohmaterial, mit dem ich mein Leben lang arbeiten sollte.« In den Illustrationen zum Roten Buch finden wir auch ein Bild, das uns hier besonders interessiert: *Der Schatten* (siehe Bildteil Abb. 39). C. G. Jung schreibt dazu Folgendes: »Die Erleuchtung erlangt man nicht, indem man sich das Licht vorstellt, sondern indem man sich des Dunkels bewusst wird. Da dieses aber wenig angenehm ist, unternimmt fast niemand diesen Schritt.«

Das Aquarell zeigt uns dazu einen Mann mit starrem Blick, Zylinder und schwarzem Mantel voller roter Reflexe. Er steht in einem Raum mit rotgoldenen Wänden, der ihn von der wahren Lichtquelle abschirmt, die durch eine kleine, runde Öffnung sichtbar ist. Er steht nicht ganz sicher. Obwohl seine Augen weit aufgerissen sind, scheint er blind zu sein und schwankt in seinem kleinen Raum. Tatsächlich sind wir, solange unser Schatten vom Bewusstsein abgetrennt ist, nicht im Gleichgewicht. Dieser Luzifer des 20. Jahrhunderts, der aus dem Unbewussten eines Psychologen auf uns zutritt, kann einzig auf die Macht der Liebe zählen, wenn er die Augen seiner Seele öffnen und das höllische, rote Licht verbannen will, das alles durchdringt. Dies ist die Botschaft, die C. G. Jung mit seinem Bild aus dem Unbewussten uns Menschen des 20. Jahrhunderts hinterlassen hat.

Doch natürlich ist Luzifer auch in der zeitgenössischen Kunst zu finden.

Der Mailänder Gianfilippo Usellini (1903–1971), der einem eleganten Symbolismus huldigt, stellt den ewigen Kampf zwischen Gut und Böse durch Scharen von Engeln mit flammenden Schwertern dar, die gegen Teufel mit Dreizack kämpfen. »Meine Malerei«, so Usellini in einem Interview mit der Zeitschrift *Gioia* vom 5. März 1962, »setzt sich mit dem Guten und dem Bösen auseinander ... ihrem dauernden Kampf, ihrem Miteinander-Verflochtensein, das die Waage des Lebens im Gleichgewicht hält.« Ein besonders schönes Beispiel findet sich in seinem Bild *Die große Schlacht* von 1950 (siehe Bildteil Abb. 40): In einem großen Saal im Vatikanspalast gehen Mönche verschiedener Orden langsam und feierlich auf und ab, betend und über das Schicksal der Menschen meditierend, für die sie sich verantwortlich fühlen. Über ihren Köpfen findet der ewige Kampf zwischen Gut und Böse statt. Das Gute wird von blauen Engeln symbolisiert, die mit Kreuz und Schwert bewaffnet sind, das Böse von schwarzen Dämonen mit Schwanz und Dreizack.

Eines seiner 1940 entstandenen Bilder, *Die Schaukel* (siehe Bildteil Abb. 32), lässt sich gar als eine Art modernes Jüngstes Gericht deuten. Die traditionelle Schiffsschaukel für Kinder wird zum Sinnbild der menschlichen Existenz. Zwischen Himmel und Erde ist scheinbar ordentlich was los, wenn der Mensch Rechenschaft ablegen muss. Die Schaukel schwingt hoch, und dort bemühen sich bildschöne Engel darum, die Menschen liebevoll in den Himmel zu geleiten. Nimmt sie ihren Weg nach unten, warten dort muskulöse, schwarze Dämonen, die die Menschen ins Höllenfeuer treiben. Dabei bleibt das Urteil völlig unvorhersehbar, zumindest nach unseren überkommenen Moralvorstellungen, denn auf der einen Seite sehen wir, wie sich ein Dämon ans Schiff eines Priesters krallt, während ein Zuchthäusler im Sträflingsgewand von den Engeln in den Himmel gebracht wird.

In der witzigen Zeichnung *Die Witwe* (1959) liegt der Teufel, gut erkennbar an seinem Spitzbart, den Krallen und den gefalteten Fledermausflügeln, mit maliziösem Lächeln und verträumtem Blick unter dem Bett der Dame, vielleicht ein potenzieller Liebhaber. Die junge, hübsche Witwe aber räkelt sich in unschuldiger Nacktheit auf dem Sofa, während über der ganzen Szene der besorgte Blick des verstorbenen, weil älteren Ehemannes liegt. Auch hier ist der Teufel also Versucher, doch ein Versucher, der den Neubeginn des Lebens als Folge natürlicher, menschlicher Impulse signalisiert.

Der zeitgenössische Bildhauer und Druckgrafiker Luciano Proverbio aus Turin, einer der originellsten Künstler und Denker unserer Zeit, geht davon aus, dass wir selbst der Teufel sind: Der Teufel hat die Frau erschaffen, die ihn wiederum zum Mann umtauft. So entsteht die ewige Dialektik

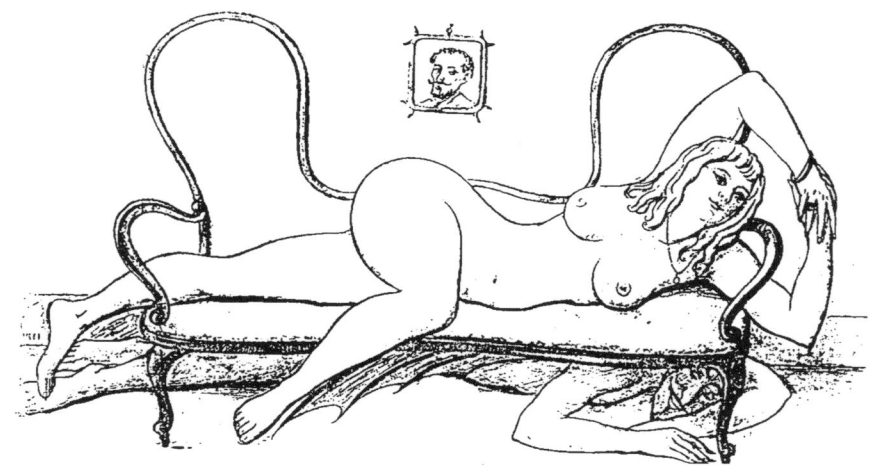

Gianfilippo Usellini: *Die Witwe*, 1959.

der Geschlechter, die Quelle paradiesischer Freuden und höllischer Qualen ist. Proverbio, der die Themenmalerei liebt, hat seiner Serie »Die Frau und der Teufel« sehr viel Zeit gewidmet. Sie wurde zum Mittelpunkt seiner erfolgreichsten Ausstellungen und später in einem Buch veröffentlicht, für das die Schriftsteller Gabriel Mandel und Jorge Luis Borges das Vorwort lieferten. In der ironischen Fabel, welche das grafische Werk einleitet und die wir hier mit Erlaubnis des Autors abdrucken, schreibt Luciano Proverbio:

Eines schönen Tages sprach ein Wesen, das sich Teufel nannte, folgendermaßen zu sich selbst: »Ich fühle mich so verdammt allein. Mir ist langweilig. Ich muss mir einen Gefährten erfinden, der ist wie ich, jemanden, mit dem ich mich unterhalten und amüsieren kann.« Nach langen Jahren des Nachdenkens fiel dem Wesen plötzlich die Lösung ein: »Ich werde eine Frau erfinden.« Dann zog er zwei abgebrannte Holzspäne aus der Tasche (eine alte Erinnerung an die leuchtenden Scheite, die seinen Vorfahren so viel Spaß gemacht hatten) und zeichnete auf einen seltsam glatt polierten Felsen das Bild einer Frau, einer sehr schönen, ja wunderschönen Frau sogar. »Nun«, meinte das Wesen, »werde ich mit meinem warmen, diabolischen Atem auf die Figur blasen, damit sie zum Leben erwacht.«

Luciano Proverbio: *Die Frau und der Teufel*, 1973.

Ein Atemhauch genügte jedoch nicht. Tatsächlich musste er mindes-
tens sechs Mal blasen, doch das Resultat war wirklich überraschend!
Der Körper der Frau, die vorher noch eine simple Zeichnung auf einem

Stein gewesen war, erwachte plötzlich zum Leben. Und wie dieser wun-
der-, wunderschöne Körper zum Leben erwachte.

»Hallo, Frau!«, rief der Teufel aus, um seine »Schöpfung« zu begrü-
ßen.

»Hallo, Teufel!«, antwortete die Frau.

»Woher weißt du denn meinen Namen?«, fragte der Teufel erstaunt.

»Was meinst du mit: ›Woher weißt du denn meinen Namen‹?«, gab
sie zurück.

»Na ja«, meinte der Teufel, »da ich dich doch erschaffen habe, dürf-
test du doch gar nicht wissen, wie ich heiße. Schließlich habe ich es dir
noch nicht gesagt.«

»Armer Teufel«, antwortete die Frau. »Sei doch nicht böse, aber ich
habe auch etwas erfunden …«

»Was kannst du schon erfunden haben, wo du doch gerade erst vom
Felsen auferstanden bist?«, entgegnete der Teufel.

»Dich habe ich erfunden«, antwortete die Frau. »Und ich taufe dich
Mann.« Und dann gab sie ihm einen ganz laaaangen Kuss …

So begann die Geschichte, die Geschichte von der Frau und dem Teufel.

Wie wir gesehen haben, hat der Mensch schon seit der Frühzeit auf Luzifer alias den Teufel nicht nur seine Ängste projiziert, sondern auch seine
Träume, seine Ahnungen und seine kühnsten Wünsche. Luzifer, die
»Maske ohne Gesicht«, ist und war offen für alles. Er wartet nur darauf,
dass wir ihm endlich die Maske abreißen, um nachzusehen, was darunter
ist. Wenn wir dazu endlich den Mut aufbringen, werden wir feststellen,
dass darunter nichts weiter liegt als ein Spiegel, ein Spiegel, in dem wir nur
eines erkennen können: das wahre Bild unseres Selbst.

8

Besessenheit, Versuchung, Exorzismus und Schwarze Messen

»Zur Teufelsbesessenheit kommt es, wenn der Mensch teilweise vom Dämon in Besitz genommen wird. Dieser bemächtigt sich des Körpers der betreffenden Person, also auch des Gehirns, der Nerven, der Stimmbänder, sodass dieser Mensch vollkommen zum Instrument Satans wird. Von der Seele kann er nicht Besitz ergreifen, doch weil er den Körper beherrscht, kann der Dämon die Seele zum Schweigen bringen, sodass dem Besessenen nicht mehr bewusst ist, was er tut. Im Falle der Besessenheit wird das Handeln vom Teufel gesteuert. Er wird zum Lenker unseres Körpers.« So beschreibt Corrado Balducci, ein Experte der Dämonenkunde, in seinem Buch *La possessione diabolica* (Die Teufelsbesessenheit) dieses Phänomen. Dabei gibt es seiner Ansicht nach nur ganz wenige Menschen, die wirklich vom Teufel besessen sind: höchstens ein oder zwei unter circa 5000 »Verdächtigen«. Diese Einschätzung wurde allerdings in früheren Zeiten nicht geteilt. Damals glaubte man, den »Dämon« überall wahrzunehmen. So hielt man zum Beispiel Epileptiker für besessen, aber auch Hysteriker und andere Menschen, die unter mentalen Krankheiten litten, weil die Ärzte einfach keine andere Erklärung für deren Ursprung fanden.

Heute ist man mit der Diagnose der Besessenheit sehr vorsichtig, wobei man sich weitgehend an den Kriterien orientiert, die Corrado Balducci aufgestellt hat: Menschen, die vom Teufel besessen sind, zeigen gewöhnlich eine intensive Abneigung gegen alles Heilige, die von gewissen psychischen Symptomen (krampfartige Anfälle, Geheul, Tobsuchtsanfälle und Bewusstseinsverlust) bis hin zu paranormalen Phänomenen begleitet wird. Zu letzteren zählen: das Sprechen unbekannter Fremdsprachen, Gedankenlesen, die Fähigkeit zum Erkennen verborgener oder weit entfernter Dinge und Ereignisse, die Fähigkeit, schwere Gewichte zu heben, Objekte aus dem Nichts zu materialisieren, die Schwerkraft zu überwinden und ungewöhnliche Sachen zu erbrechen wie Nägel, Glas, Blumen et cetera. Diese merkwürdigen und »wunderbaren« Fähigkeiten des Besessenen rühren Monsignore Balducci zufolge von der Tatsache her, dass Satan einmal ein Engel war und deshalb auch nach seinem Höllensturz über die außergewöhnlichen Kräfte der geistigen Wesen verfügt.

Unter den geprüften und für authentisch befundenen Fällen von Besessenheit gibt es einen höchst bemerkenswerten, der sich im letzten Jahrhundert in Deutschland zugetragen hat: den der Brüder von Illfurth. Dort fielen zwei kleine Jungen in die Hände des Bösen. Beide zeigten diese Abneigung gegen alle sakralen Gegenstände, hatten häufig Tobsuchtsanfälle und waren in der Lage, die ungewöhnlichsten Manifestationen hervorzubringen. So erhoben sie sich zum Beispiel mit ihren Stühlen in die Luft, stürzten aber ebenso häufig damit zu Boden. Sie kletterten auf Bäume wie Katzen, wobei sie kaum die Äste berührten und setzten sich auf dünne Zweige, die unter ihrem Gewicht eigentlich hätten brechen müssen. Diese Geschehnisse wurden von allen Honoratioren des Dorfes bezeugt, auch vom Bürgermeister und vom Pfarrer, des Weiteren von den Exorzisten, verschiedenen Ärzten und schließlich sogar vom Bischof von Straßburg. An der Glaubwürdigkeit dieser Zeugen ist wohl kaum zu zweifeln.

In Italien ist es vor allem die Kathedrale von San Vicinio in Sarsina in der Provinz Romagna, die für ihre Heilung von Besessenen berühmt ist. Selbst bei gewöhnlicher »Geistesgestörtheit« hat es dort bereits Wunderheilungen gegeben. Bis heute legt in dieser Kirche der Priester, der stets auch Exorzist ist, sich den berühmten *collare* um, den »Kragen von San Vicinio«. An diesen Eisenreifen hat Bischof Vicinio, der im 3. Jahrhundert lebte, ein schweres Gewicht gehängt. In dieser Büßerhaltung rezitiert der Priester dann seine Gebete. Bischof Vicinio war zu seiner Zeit ein berühmter Dämonenjäger gewesen. Auch heute scheinen sein Kragen und die Gebete der Priester ihre Wirkung nicht zu verfehlen. Scheinbar ist der Teufel allergisch gegen diesen Kragen, was sich darin zeigt, dass der oder die Besessene einen hysterischen Anfall erleidet, sobald man ihr oder ihm diesen historischen Halsreif umlegt. Spätestens dann lässt sich mit Sicherheit sagen, dass der Betreffende besessen ist. Wen der Dämon aber nicht in seinen Krallen hat, der bleibt ganz ruhig, wenn man ihm die eiserne Halskrause des einstigen Dämonenjägers umtut. In den Archiven der Kathedrale werden die Aufzeichnungen zu den eindrucksvollsten Fällen von Besessenheit aufbewahrt. So ist dort die Rede von einer besessenen Frau, die – obwohl sie den Kragen trug – während der Messe plötzlich zu fliegen anfing. Sie umkurvte dabei sogar die beiden großen Altarkerzen ohne anzustoßen und landete schließlich wieder auf dem Boden. Eine andere

Abbildung 11
Paul, Jean und Herman Limbourg: »Der Fall der aufständischen Engel«
aus *Les Trés Riches Heures du Duc de Berry*. Ende des 15. Jahrhunderts,
Musée Condé, Chantilly, Archiv Alinari-Giraudon, Frankreich.

Abbildung 12
Unbekannter Meister: *Das Jüngste Gericht*. Mosaik in der Kirche
Santa Maria Assunta in Torcello bei Venedig, 12. Jahrhundert.

Ausschnitt aus Abbildung 14
»Engel mit der Waage«, Detail;
mit der Waage wurden Sünden
und Tugenden der Seele
gemessen.

Abbildung 13
»Luzifer«, Detail aus *Das Jüngste Gericht*. Mosaik in der Kirche Santa Maria Assunta
in Torcello bei Venedig, 12. Jahrhundert.

Abbildung 14
»Die Strafen der Verdammten«, Detail aus: *Das Jüngste Gericht*. Mosaik in der Kirche
Santa Maria Assunta in Torcello bei Venedig, 12. Jahrhundert.

Abbildung 15
Nardo di Cione Orcagna: *Das Jüngste Gericht – Zerberus*. Santa Maria Novella,
Florenz, Mitte des 14. Jahrhunderts.

Abbildung 16
Andrea da Firenze: *Der Abstieg Christi in die Vorhölle*. Santa Maria Novella,
Spanierkapelle, Florenz, 1365.

Abbildung 17
Pietro Cavallini: *Das Jüngste Gericht – Die Engel*. Basilica Santa Cecilia in Trastevere, Rom, 13. Jahrhundert.

Abbildung 18
Luca Signorelli: *Die Hölle*. Brizio-Kapelle im Dom von Orvieto, Anfang des 16. Jahrhunderts, Detail.

Abbildung 19
Giotto di Bondone: *Die Hölle*. Capella degli Scrovegni, Padua,
13. Jahrhundert.

Abbildung 20
Giotto di Bondone: *Der Verrat des Judas.* Capella degli Scrovegni, Padua,
13. Jahrhundert.

Abbildung 21
Donatello: *Der Abstieg Christi in die Vorhölle – Der Teufel.* San Lorenzo, Florenz,
circa 1461, Detail.

Teufelsbesessene spuckte vor den Augen mehrerer Zeugen eine frische Nelke aus.

Warum aber lässt Gott es überhaupt zu, dass ein Mensch vom Dämon besessen ist, obwohl dies für den Betreffenden eine schreckliche Qual bedeutet? In dieser Hinsicht hegt Monsignore Balducci keinerlei Zweifel: »Gott lässt Besessenheit aus demselben Grund zu, aus dem er auch alle anderen Übel dieser Welt duldete: Der Schmerz, wenn er denn angenommen und überwunden wird, macht die Menschen stärker. Außerdem gibt es da noch apologetische Gründe: Die Besessenheit zeugt auf positive Weise von der Wichtigkeit des Glaubens. Wer je einen Besessenen gesehen hat und weiß, was er auf Grund der ihm verliehenen Mächte zu tun vermag, der wird, wenn er den Priester sieht, einen schwachen Menschen, der im Namen Gottes dem Dämon befiehlt auszufahren und dies auch zuwege bringt, unweigerlich fest daran glauben, dass das Übernatürliche existiert. Nicht wenige haben sich zum Glauben bekehrt, nachdem sie Zeuge eines solchen Schauspiels geworden sind.«

Gab es einst eine Zeit, in der ein Arzt seine Patienten zum Exorzisten schickte, so lässt sich heute eher die gegenteilige Tendenz beobachten: Menschen, die früher als besessen gegolten hätten, werden heute auf psychische Störungen hin behandelt. In einem Aufsatz über multiple Persönlichkeiten und Besessenheitsphänomene (»Molteplicità dei sé e possessioni«) schreibt Professor Pio Scilligo, klinischer Psychologe und Dozent an den Universitäten La Sapienza und Salesiana in Rom: »Der Mensch kann, auch wenn er nur einen Körper hat, verschiedene Persönlichkeiten entwickeln, also gleichsam mehrere Personen zur selben Zeit sein … Das wiederum kann bedeuten, dass so genannte Besessenheitsfälle nicht unbedingt auf die Präsenz eines externen Wesens im Körper zurückgehen. Es ist durchaus möglich, dass sich auf diese Weise Erfahrungen einstellen, die den Betroffenen vermuten lassen, er sei von größeren oder kleineren Dämonen besessen.« In uns, so der Psychologe weiter, sprechen ständig große und kleine Dämonen, gute und böse. Man kann diese Erfahrungen auch als verschiedene Ich-Zustände interpretieren, die auch »normale« Menschen haben. Man denke beispielsweise an die Automatismus-Phänomene, die mehr oder weniger bewusst ablaufen. Das reicht vom Autofahren, ohne auf die Umgebung zu achen, weil man gerade an etwas ganz anderes denkt, bis zum automatischen Schreiben, bei dem die Hand Gedanken zu Papier bringt, die der Geist nicht denkt, die also von »außen« zu kommen scheinen.

Die Hypothese, dass jeder Mensch in gewisser Weise »ein Zusammenspiel von Persönlichkeiten ist, die zu einer Einheit verschmelzen«, ist daher nicht von der Hand zu weisen. Wir alle sind möglicherweise nur relativ gut integrierte Persönlichkeiten.

Außer den kleinen Dämonen des Alltags gibt es aber noch die Dämonen, die im Verborgenen lauern, und damit berühren wir bereits die Ebene der krankhaften Störungen. Bei diesen Verdrängungen handelt es sich häufig um seelische Schutzmechanismen aufgrund traumatischer Erlebnisse körperlicher oder emotionaler Natur, die sich in der Form der Dämonenbesessenheit Bahn brechen: abgespaltene Teile der Persönlichkeit also. Obwohl es für diese Erfahrungen eine »natürliche« Erklärung zu geben scheint, schließt Professor Scilligo nicht aus, dass es tatsächlich zu Besessenheit kommen kann: »denn zum Teil treten beim Phänomen Besessenheit Symptome auf, die sich mit den Mitteln der Psychologie nicht erklären lassen, ja für die es auf wissenschaftlicher Ebene überhaupt keine befriedigende Erklärung gibt«. Persönlich, so meint Professor Scilligo, sei er in den Jahren seiner Tätigkeit noch nie auf einen echten Teufel gestoßen, auf »arme Teufel« hingegen zuhauf. Er habe allerdings auch kein Problem gehabt, den Bericht eines amerikanischen Kollegen zu akzeptieren, der ihm anvertraute, seit langem mit einem Fall beschäftigt zu sein, für den es keine Erklärung gibt, wenn man keinen authentischen Fall von Besessenheit annimmt. Scilligo geht noch weiter, wenn er seine Hoffnung ausdrückt, dass sich in Zukunft alles mit physikalischen Prozessen erklären lassen möge. Die Besessenheit allerdings sei ein so komplexer Vorgang, dass »es für bestimmte Aspekte Sinn hat, vom Übernatürlichen zu sprechen«.

Unter Umständen wäre es vielleicht sinnvoll, von einer wechselseitigen Ergänzung der einzelnen Erklärungsmodelle auszugehen, wie dies beispielsweise in der Physik bei der Beschreibung der Natur des Lichts praktiziert wird. Der Physiker Niels Bohr hat entdeckt, dass sich manche Eigenschaften des Lichts nur erklären lassen, wenn man annimmt, es bestehe aus Teilchen, während andere Eigenschaften nur einleuchtend sind, wenn man dem Licht Wellencharakter zuordnet. In der Physik vor dem Zeitalter der Quantentheorie hätten sich diese beiden Annahmen jedoch gegenseitig ausgeschlossen. »Wir könnten es also«, so Professor Scilligo, »mit einem Phänomen zu tun haben, das sich unter bestimmten Aspekten mit der Theorie der Verdrängung und Projektion erklären lässt, während für andere Aspekte wieder nur die Annahme einer Besessenheit durch ein Geistwesen zu brauchbaren Resultaten führt.«

Die Wissenschaft also schließt die Möglichkeit der Besessenheit nicht von vornherein aus, auch wenn sie – wie Exorzisten und Dämonologen – davon ausgeht, dass es sich dabei um ein sehr seltenes Phänomen handelt. Der weitaus größte Teil der Fälle kann psychologisch und psychiatrisch erklärt werden.

Wenn es aber Besessenheit tatsächlich gibt, kann man ihr dann im Rahmen des Schöpfungsplans überhaupt einen Sinn zuordnen? Ich denke, dass dies der Fall ist. Monsignore Corrado Balducci stellt in seinem oben zitierten Buch die These auf, dass es sich bei den Menschen, die Opfer einer Besessenheit werden, gewöhnlich um gütige, religiöse Menschen handelt. Die Theologie, so Balducci, gehe davon aus, dass Gott diesen Menschen solch großes Leid zumutet, damit sie daran wachsen können: eine Prüfung, nicht mehr und nicht weniger als viele andere, die uns auferlegt werden. Auch wenn man natürlich zugeben muss, dass diese Art der Prüfung besonders Furcht einflößend ist, weil sie unser Begriffsvermögen bei weitem übersteigt.

Auch hier also spielt Luzifer die Rolle des Versuchers, er ist das »Hindernis«, das überwunden werden muss, um sich weiterzuentwickeln: eine Rolle, in der wir ihn bereits kennen und in der er uns auch weiterhin beschäftigen wird.

Die Versuchungen der Heiligen

Wer die Biografien von Heiligen und Mystikern kennt, weiß, dass sie von allen Seiten vom Dämon versucht werden, der sie vom Weg abbringen will. Beispiele gibt es dafür zahlreiche: die Versuchungen wider die Hoffnung und den Glauben, denen die Heiligen Karl Borromäus, Theresa von Avila und Bernadette von Lourdes ausgesetzt waren; oder die Schmerzen (Qualen), die Padre Pio zu erdulden hatte.

Berühmt geworden sind die Versuchungen des heiligen Antonius, der zum Symbol für den Menschen geworden ist, weil er all jenen Einflüsterungen der Welt ausgesetzt war, die man dem Teufel gewöhnlich zuordnet. Antonius war ein großer Asket. Er wurde in Ägypten geboren und zog sich etwa um 270 n. Chr., im Alter von circa 20 Jahren, in die Einsamkeit der Wüste zurück, um dort 20 Jahre lang zu bleiben. Danach überschritt er den Nil, sammelte einige Schüler um sich und begann, wieder in der menschlichen Gemeinschaft zu leben. Später kehrte er ans Rote Meer in die Einsamkeit der Wüste zurück, wo er als über Hundertjähriger starb. Viele Maler, darunter Hieronymus Bosch, Albrecht Dürer und Martin Schongauer haben den heiligen Antonius dargestellt, wie er von Teufeln geschunden wird.

Der französische Dichter Gustave Flaubert hat sich mit diesem Thema zeit seines Lebens auseinander gesetzt. Die erste Fassung seines Romans über den heiligen Antonius stammt aus dem Jahr 1847, die letzte von 1874. Der Roman zeigt den heiligen Antonius am Ende der ersten 20 Jahre in der Einsamkeit, kurz bevor er in die Welt zurückkehrt, in einem Moment also, in dem der Eremit von Fasten und Entbehrungen geschwächt den Mut verloren hat. Und plötzlich steht der Teufel vor ihm und bietet dem Hungrigen ein lukullisches Bankett mit allen Köstlichkeiten der Erde an. Dazu noch einen Berg voll Gold und Macht über alle Menschen. Sobald er merkt, dass er damit nichts erreicht, erscheint der Dämon dem Einsiedler als wunderbare »Königin von Saba«, die ihn mit allen Mitteln zu verführen versucht. Antonius aber widersteht trotz seiner Schwäche aller Versuchung und macht sich, nun innerlich gestärkt, daran, die Prüfungen zu bestehen, die die Welt für ihn bereithält. Der Teufel konnte ihn weder moralisch noch körperlich besiegen, sondern hat ihn nur noch stärker und selbstsicherer gemacht.

Doch es gibt auch ein modernes Beispiel für solche Standhaftigkeit: den 2002 selig gesprochenen Padre Pio, der bereits im Alter von fünf Jahren unter dämonischen Visionen litt, die ihn nicht schlafen ließen. Er selbst berichtet, dass sich am Abend, wenn die Mutter ihn ins Bett gebracht und das Licht gelöscht hatte, sich ein Heer von Ungeheuern um ihn versammelte, das ihn vor Angst zum Weinen brachte. In den ersten Jahrzehnten von Padre Pios Leben scheinen die Angriffe des Bösen recht massiv und dauerhaft gewesen zu sein. Dem jungen Francesco Forgione (so der bürgerliche Name des Mönchs) stand gleichwohl immer ein »majestätischer Mann von seltener Schönheit bei, der strahlte wie die Sonne«. Diese Beschreibung stammt von Padre Pio selbst und findet sich in seinen *Lettere al padre spirituale* (Briefe an den geistigen Vater). Eine Vision war es, die ihm seinen Weg zeigte. Francesco, der immer noch nach seiner Berufung suchte, sah sich neben dem strahlenden Mann, der seine Hand nahm und ihm half, »als furchtloser Krieger zu kämpfen«. Dann führte er ihn auf ein »weites Feld«, auf dem zwei Gruppen von Menschen standen: die einen strahlend schön und weiß gekleidet, die anderen Furcht erregend und ganz in Schwarz. Während er noch in die Betrachtung der Szene versunken war, kam ein großer Mann mit schrecklichem Antlitz auf ihn zu. Die strahlende Persön-

Martin Schongauer: *Die Versuchung des heiligen Antonius.* 15. Jahrhundert.

lichkeit trug ihm auf, sich mit diesem zu messen. »Nur Mut. Zieh vertrauensvoll in die Schlacht und kämpfe dich durch, denn ich werde immer bei dir sein. Ich werde dir zur Seite stehen und nicht zulassen, dass er dich besiegt.« Die Schlacht war schrecklich, doch Francesco siegte, weil ihm die Lichtgestalt half. Der besiegte Satan musste fliehen und mit ihm all die schwarz gekleideten Menschen. Nach dieser Vision begriff Francesco, dass sein Leben Gott geweiht war und dass er immer gegen den Teufel würde ankämpfen müssen. Doch sie gab ihm auch den Mut und das Vertrauen, ihn zu bekämpfen, ohne je auch nur einen Fingerbreit nachzugeben. Schließlich stand er unter dem Schutz der Lichtgestalt, die ihm später mehrfach wieder erschien. Mit einer Lanze bewaffnet brachte diese Figur ihm die Wundmale bei, deretwegen Padre Pio so berühmt geworden ist.

Welchen Sinn sollten Versuchungen des Teufels bei spirituell hoch entwickelten Menschen haben, wenn nicht den, sie in ihrem Glauben zu bestärken? Je schwieriger die Prüfungen sind, die ausgestanden werden müssen, desto strahlender der Sieg. Und welche Prüfung könnte härter sein als die, den Anfeindungen des gefallenen Engels ausgesetzt zu werden? So erweist sich Luzifer wieder einmal als wertvoller »Mitarbeiter« Gottes in dem Plan, den der Höchste für den Menschen ersonnen hat. Wir haben bereits gesehen, dass Gott zu diesem Zweck Luzifer schon erlaubte, Hiob auf die Probe zu stellen. Mystiker und Heilige, ja in geringerem Maße jeder von uns, erleben immer wieder das Gleiche.

Schwarze Messen

Schwarze Messen sind ein wesentliches Element des Satanismus, der kultischen Verehrung und Anbetung Satans in Geheimbünden.

Der Satanismus entstand als Bewegung im 17. Jahrhundert. In Frankreich, wo er sich in den ersten Jahren der Regentschaft Ludwigs des XIV. auszubreiten begann, war die Polizei sehr darum bemüht, diese Sekten auszurotten, was ihr etwa um 1680 auch gelang.

Von Frankreich ausgehend bildeten sich diese Gruppen in England, Russland und Italien, wo sie heute noch zu finden sind. Auch in den USA ist der Satanismus ein bekanntes Phänomen. Man denke nur an den Fall Charles Manson, der in den 60-er Jahren des 20. Jahrhunderts bei satanischen Messen mehrere Morde beging. Heute stellen wir in Italien, Deutschland, England und Frankreich eine kontinuierliche Zunahme satanistischer oder angeblich satanistischer Sekten fest. Immer wieder treten so genannte Hexen oder Magier auf den Plan, die behaupten, einen Pakt mit dem Teufel eingegangen zu sein, um bei ihrem ruchlosen Treiben Erfolg zu haben. Menschen verschiedenster sozialer Schichten treffen sich, um satanistische Riten auszuführen und im Namen des Teufels die schlimmsten Verirrungen zu begehen: »rituelle« Vergewaltigungen, Gewalt an Erwachsenen, Kindern und Tieren, Drogenmissbrauch, Diebstähle. Die Boulevardpresse, die sich des Ganzen mit der üblichen Sensationsgier annimmt, veröffentlicht immer wieder detaillierte Schilderungen solcher Ereignisse.

Ich bin der Meinung, dass Luzifer mit diesen Armseligkeiten nichts zu tun hat. Hier geht es einzig um das ungehemmte Ausleben des menschlichen Zerstörungstriebes. Schwarze Messen und dergleichen sind nur ein Vorwand, unter dem Deckmantel des Satanischen die eigenen niedrigen Instinkte zu befriedigen. Hier stimme ich vollkommen mit Giovanni Papini überein, der in seinem Buch *Der Teufel* schreibt, dass jene, welche den gefallenen Engel zu ihrem Sklaven und Diener machen wollen, nichts weiter sind als »Spinner und halluzinierende Geisteskranke«.

Diese Fälle, so schließt Papini, fallen in das Ressort derer, die sich von Berufs wegen mit den Krankheiten des menschlichen Geistes auseinander setzen.

In diesem Zusammenhang möchte ich Carl. A. Keller zu Wort kommen lassen, der den Lehrstuhl für Religionswissenschaft an der Universität Lausanne inne hat. Er hat ein ausgezeichnetes Buch über New Age und den Geist des neuen Zeitalters (*New Age – Lo spirito della Nuova Era*) geschrieben und setzt sich darin auch mit schwarzen Messen und satanistischen Ritualen auseinander. Er schreibt: »Derlei Phänomene sind vollkommen nutzlos und verdienen die ihnen gewidmete Aufmerksamkeit nicht.«

9

Sigmund Freud und die
»Teufelsneurose im 17. Jahrhundert«

Sigmund Freud (1856–1939), der Begründer der Psychoanalyse, widmete dem Teufel und speziell der Besessenheit 1922 einen ganzen Aufsatz mit dem Titel *Eine Teufelsneurose im 17. Jahrhundert*. Dort lesen wir: »Die Dämonen sind unsere bösen, verworfenen Wünsche, Abkömmlinge abgewiesener, verdrängter Triebregungen.« Und Freud lässt seine Behauptung keineswegs unbewiesen stehen. Er analysiert beispielhaft einen Fall von Dämonenglauben, den er einer Handschrift entnommen hat, die aus der berühmten Wallfahrtskirche von Mariazell in Österreich stammt. Dort wird eingehend beschrieben, wie ein Mann durch die Gnade der Jungfrau Maria vor den negativen Folgen eines Teufelspaktes bewahrt wird. Die genannte Handschrift enthält das Tagebuch des Betroffenen mit seinen Zeichnungen, in denen er die Teufelserscheinungen festhielt, sowie die Kommentare und Berichte der Mönche von Mariazell. Freud erhielt dieses Tagebuch vom Hofrat Doktor Payer-Thurn, der in seinem riesigen Archiv mehr oder weniger zufällig darauf gestoßen war. Weil die Erzählung der Faustlegende so ähnlich war, trug sich der Hofrat mit dem Gedanken, sie zu veröffentlichen. Doch da der Protagonist auch unter heftigen Krämpfen gelitten und die unterschiedlichsten Visionen gehabt hatte, wollte Payer-Thurn zuerst Freuds Meinung als Arzt zu diesem Fall hören.

Der Begründer der Psychoanalyse fand nun seinerseits die Fallgeschichte so interessant, dass er darüber eine systematische Studie schrieb: »Diese dämonologische Krankengeschichte bringt wirklich einen wertvollen Fund, der ohne viel Deutung klar zutage liegt, wie manche Fundstelle gediegenes Material liefert, was anderwärts mühsam aus dem Erz geschmolzen werden muss.« Freud analysierte also mit dem Instrumentarium der Psychoanalyse einen Fall, der sich vor mehr als 250 Jahren zugetragen hatte, und schrieb eine beispielhafte Fallgeschichte, deren theoretischer und praktischer Wert noch heute außer Zweifel steht. Hier eine kurze Skizze der damaligen Ereignisse, die Freud zum Anlass nahm, das Thema der »Teufelsneurose« wissenschaftlich aufzuarbeiten:

Am 5. September 1677 kam der bayerische Maler Christoph Haizmann an den berühmten Wallfahrtsort Mariazell, 40 Kilometer vor Wien gelegen. Einige Wochen vorher war er in der Kirche plötzlich von heftigen Krämpfen befallen worden, die auf die Einwirkung eines Dämons zurückzugehen schienen. Und tatsächlich berichtete der Mann seinem Beichtvater, dass er vor neun Jahren in einem Augenblick tiefster Niedergeschlagenheit dem Teufel nachgegeben habe. Dieser sei ihm als edler Herr in den besten Jahren erschienen, gut gekleidet und von gepflegtem Äußeren, und habe ihn in Versuchung geführt. Daraufhin habe er einen Pakt unterzeichnet, in dem er zusicherte, nach neun Jahren mit Körper und Seele ganz dem Bösen gehören zu wollen. Nun, wo sich dieser Zeitraum seinem Ende zuneigte, bereute der Maler dies natürlich. Er zeigte sich überzeugt, dass nur die Gottesmutter von Mariazell ihn retten könne, da sie die Macht habe, dem Dämon den Vertrag zu entreißen, den der Maler mit seinem Blut unterzeichnet hatte. Nachdem der Maler in Mariazell Buße getan und gebetet hatte, erschien ihm der Teufel als geflügelter Drache und gab ihm den Vertrag zurück. Die Mönche, die bei dieser Szene anwesend waren, sahen nichts dergleichen. Ihr Bericht sagt einzig, dass sich der Maler an einem gewissen Punkt plötzlich von ihnen zurückzog, in eine Ecke der Kirche stürzte, wo er – wie er später erzählte – den Teufel wahrnahm. Dann kam er mit dem Vertrag in Händen zurück. Damit schien das Problem eigentlich gelöst zu sein. Die Gottesmutter von Mariazell

Sandro Botticelli: *Dämonen mit Lanzen*. Illustration zu Dantes *Göttlicher Komödie*.

hatte einen glänzenden Sieg davongetragen. Der Maler verließ Mariazell in guter Gesundheit und begab sich nach Wien, wo er bei seiner Schwester leben wollte. Doch schon einen Monat später kamen die Anfälle wieder und dieses Mal in noch schlimmerer Form: Krämpfe, Lähmungserscheinungen und andere Symptome. Also kehrte Haizmann nach Mariazell zurück. Dort erklärte er den Patres, dass er bereits früher einen Teufelspakt unterzeichnet habe, wenn auch nur mit Tinte. Nun, so meinte er, müsse er wohl die Gottesmutter bitten, ihm auch jetzt zu helfen, da er den früheren Vertrag ebenfalls zurückfordern müsse. Die Mönche beteten also wieder für Christoph Haizmann, der Vertrag wurde zurückgegeben und wieder erlangte er Heilung. Daraufhin trat Haizmann in den Orden der Barmherzigen Brüder ein.

Dies ist – kurz zusammengefasst – die Geschichte, welche Freud als »Teufelsneurose« bezeichnete und die er ausführlich analysiert. Aus Platzgründen können wir seine Analyse nicht vollständig wiedergeben, aber hier das Wichtigste.

Sandro Botticelli: *Dämonen.* Illustration zu Dantes *Göttlicher Komödie.*

Wozu, so fragt sich Freud, diente denn dieser Teufelspakt? Wer ein Abkommen mit dem Teufel schließt, überlässt diesem seine Seele doch gewöhnlich für Güter wie Reichtum, Macht, Unverwundbarkeit, Zauberkräfte und vor allem für Erfolg bei den Frauen. Haizmann allerdings hatte nichts dergleichen verlangt. Er wollte nur von der Melancholie befreit werden, die ihn befallen hatte, seit sein Vater gestorben war und die ihm ein fruchtbares Arbeiten nicht mehr erlaubte, sodass er kaum noch für sich selbst sorgen konnte. Der Maler litt also unter einer starken Depression und bat den Teufel um Hilfe, weil er sich selbst davon nicht befreien konnte. Daher sind die Pakte auch eigenartig formuliert. Der zuerst unterzeichnete (also der mit Tinte geschriebene Vertrag) lautete einfach: »Ich, Christoph Haizmann, verschreibe mich diesem Herrn als sein leibeigener Sohn auf 9 Jahr.« Der zweite, mit Blut abgefasste ist im Wortlaut ähnlich, wenn auch ein wenig ausführlicher: »Ich, Christoph Haizmann, verschreibe mich diesem Satan als sein leibeigener Sohn und gelobe, ihm in 9 Jahr mit Leib und Seele anzugehören.« Seltsamerweise scheint der Maler vom Teufel nichts zu verlangen. Er gelobt nur, für eine gewisse Zeit Satans Sohn und Diener zu sein und ihm nach diesem Zeitraum Körper und Seele ganz zu überlassen. Freud aber weist uns darauf hin, dass beide Pakte ein sehr konkretes Anliegen an den Teufel formulieren: Der Maler möchte ihn zum Vater haben. Mit einem neuen Vater hofft Haizmann, das wiederzuerlangen, was er verloren hat, nämlich seine Arbeitskraft und die Möglichkeit, sich seinen Lebensunterhalt zu verdienen. Diese Interpretation wird gestützt durch die Art und Weise, wie sich Satan ihm bei ihrem ersten Treffen präsentiert: als eleganter Herr fortgeschrittenen Alters mit braunem Bart, rotem Mantel, schwarzem Hut und Stock. Später allerdings wird das Aussehen des Teufels immer schrecklicher, wie Haizmanns Zeichnungen zeigen. Mehr und mehr schlüpft er in seine mythologische Rolle zurück: Hörner, Fledermausflügel, Klauen. Bei seinem letzten Erscheinen in der Kapelle erscheint er gar als Drache.

Der Teufel, meint Freud (der selbst Jude war), sei die Antithese Gottes, obwohl er seiner Natur nach Gott ähnlich sei. Dazu führt der große Psychoanalytiker aus: »Wenn ein Volk von einem anderen besiegt wird, so wandeln sich die gestürzten Götter der Besiegten nicht selten für das Siegervolk in Dämonen um. Der böse Dämon des christlichen Glaubens, der Teufel des Mittelalters, war nach der christlichen Mythologie selbst ein gefallener Engel und gottgleicher Natur. Es braucht nicht viel analytischen Scharfsinn, um zu erraten, dass Gott und Teufel ursprünglich identisch waren, eine einzige Gestalt, die später in zwei mit entgegengesetzten Eigenschaften zerlegt wurde.«

Weshalb aber hat der Maler als Vaterersatz den Teufel gewählt und nicht Gott selbst? Weil, so Freud, sich in den Widersprüchen der ursprünglichen Natur Gottes die Ambivalenz der Beziehung des Individuums zum Vater widerspiegelt, der ebenso häufig zum Objekt einer wahren Hass-Liebe wird. So ist es weiter nicht verwunderlich, dass die feindselige Haltung dem eigenen Vater gegenüber ihn als Satan zeigen kann, wohingegen die Liebe zu ihm sich im Bild eines gütigen Gottes niederschlägt. »Der Vater«, schreibt Freud, »wäre also das individuelle Urbild sowohl Gottes wie auch des Teufels.« Und er fährt fort: »So deutlich aber wie bei unserem neurotischen Maler des 17. Jahrhunderts hört man sonst nicht, dass der Teufel ein Nachbild des Vaters ist und als Ersatz für ihn eintreten kann. Darum sprach ich eingangs dieser Arbeit die Erwartung aus, eine solche dämonologische Krankengeschichte werde uns als gediegenes Metall zeigen, was in den Neurosen einer späteren, nicht mehr abergläubischen, aber dafür hypochondrischen Zeit mühselig durch analytische Arbeit aus dem Erz der Einfälle und Symptome dargestellt werden muss.«

Da er sich nun für den Teufel als Vaterersatz entschieden hat, ist auch klar, weshalb nur die Muttergottes des berühmten Wallfahrtsortes Mariazell Haizmann hatte helfen können. Tatsächlich erhielt er seinen Vertrag am 8. September zurück, an dem Tag also, an dem wir Marias Geburt feiern.

Freud ist der Ansicht, dass der hochneurotische Maler den Vertrag selbst geschrieben hat. Und als er sich von den Mönchen entfernte und in die Ecke der Kirche taumelte, wo ihm der Drache erschien, hatte er das Dokument, das er später den erstaunten Patres zeigen würde, vermutlich im Ärmel stecken. Nach diesem Ereignis gesundete er so weit, dass er sich zu seiner Schwester nach Wien begeben konnte. Doch nur zu bald stellte sich das Übel wieder ein, sodass er gezwungen war, nach Mariazell zurückzukehren. Da er nun, so Freud, fürchtete, nach diesem Rückfall in Mariazell nicht mehr willkommen zu sein, dachte er sich die Geschichte mit dem älteren Vertrag aus, der nur mit Tinte abgefasst worden war, weshalb er gedacht habe, dass er vom zweiten aufgehoben worden sei. Jetzt aber wisse er mit Sicherheit, dass dieser genauso zurückgefordert werden müsse wie der erste. Was dann auch geschah, worauf unser Maler Ruhe vor dem Bösen hatte. »Ich finde auch keine Schwierigkeit anzunehmen, dass der Maler diesen Zettel ebenso wie die späteren in einem besonderen, seinen Visionen gleichzustellenden Zustand geschrieben und mit sich genommen hat. Wenn er die Fantasie vom Teufelspakt und von der Erlösung durchführen wollte, konnte er ja gar nichts anderes tun«, schreibt Freud. Und fügt hinzu, dass die Übergänge zwischen Neurose und Simulation bekannt fließend seien.

Schließlich löst Haizmann seine Probleme, indem er ins Kloster geht, eine Entscheidung, die ihn endgültig von seinen inneren Konflikten und seiner materiellen Not erlöst. »Er wollte immer nur sein Leben sichern, das erste Mal mit Hilfe des Teufels auf Kosten seiner Seligkeit, und als dieser versagt hatte und aufgegeben werden musste, mit Hilfe des geistlichen Standes auf Kosten seiner Freiheit und der meisten Genussmöglichkeiten des Lebens ... so legte er in dieser Krankengeschichte den Weg vom Vater über den Teufel als Vaterersatz zu den frommen Patres zurück.« Der Maler, kommentiert Freud, gehörte vielleicht zu jenem Typ Mann, der zu ungeschickt ist, um für sich selbst aufzukommen, und daher sein Leben lang von anderen ernährt werden möchte.

Für den Wiener Wissenschaftler ist die Teufelsbesessenheit also nichts weiter als eine unter vielen Neurosen. So meint er bereits zu Anfang seiner Arbeit: »Wir dürfen nicht erstaunt sein, wenn die Neurosen dieser frühen Zeiten im dämonologischen Gewande auftreten, während die der unpsychologischen Jetztzeit im hypochondrischen, als organische Krankheiten verkleidet, erscheinen ... es wäre nicht schwer gewesen, in den Geschichten dieser Kranken die Inhalte der Neurose wiederzufinden, wenn man ihnen damals mehr Aufmerksamkeit geschenkt hätte.«

Dazu ist noch anzumerken, dass Fälle wie der des Malers Christoph Haizmann auch heute noch auftreten und dass sie auch heute noch als Besessenheit eingestuft werden, die nach einem Exorzismus verlangt. Tatsächlich nehmen gerade solche Fälle in letzter Zeit wieder deutlich zu. Die kluge Analyse Sigmund Freuds könnte daher so manchem die Augen öffnen, auch und vor allem den Exorzisten selbst.

10

Das Höllenlexikon

Baudelaire war es, der meinte, die klügste List des Teufels bestünde darin, die Menschen glauben zu machen, er existiere gar nicht. Und tatsächlich: Seit die Scheiterhaufen für die Hexen, die Gefährtinnen des Teufels, nicht mehr lodern, spricht man immer weniger vom »Fürsten dieser Welt«. Sogar die Theologen wagen heute kaum noch, ihn beim Namen zu nennen. Langsam, aber sicher verlieren wir Satan aus dem Bewusstsein.

1972 aber fand Papst Paul VI. während der Generalaudienz vom 15. November vergleichsweise klare Worte hinsichtlich der Existenz des Dämons, die für ihn außer Zweifel stand. Sie sei Ursache und Grund des Bösen. Jesus selbst habe ihn »Herrscher dieser Welt« genannt und noch angefügt, dass es nicht nur einen, sondern viele Dämonen gebe. Diese Ausführungen des Pontifex führten zu einem wahren Revival des Teufels. Plötzlich war dieses Thema wieder Mode. Man diskutierte auf Tagungen über den Bösen und schrieb Buch um Buch über seinen Einfluss. Im Gefolge der wieder belebten Auseinandersetzung mit dem Thema wurden einige Titel neu aufgelegt, die bereits in Vergessenheit geraten waren. Eines davon war das *Dictionnaire infernal* von J. Collin de Plancy, einem unermüdlichen Sammler volkskundlicher und religiöser Erzählungen und Motive. Diese Sammlung wurde 1863 in Paris publiziert, in Deutsch erschien sie 1989 unter dem Titel *Die Kinder Lucifers*.

In seinem Buch schließt de Plancy auf Grund der Berichte von Einsiedlern, Heiligen und christlichen Schriftstellern auf die Existenz von über 60 Teufeln, von denen er sich Abbildungen anfertigen ließ. Dieses hochironische Buch mit seinen kuriosen Details zu den Bewohnern der Unterwelt zeichnet nicht das Höllenpanorama, wie wir es kennen. Tatsächlich verfügen de Plancys Teufel über große Begabungen, welche sie auf den Menschen übertragen können. Daher steht ihnen der Sinn weniger nach Untaten und Bosheiten. De Plancys Werk steht vielmehr in der Tradition von Prometheus, der den Menschen das Feuer brachte und damit ihre kulturelle Entwicklung einleitete. Hören wir uns also an, was uns der Text über die Dämonen zu erzählen weiß.

»Wir stellen uns den Teufel gewöhnlich als finsteres Ungeheuer vor«, schreibt de Plancy und fügt sofort hinzu, dass der Teufel für Menschen schwarzer Hautfarbe weiß ist. Und manchmal, so der gelehrte Mann weiter, lässt sich dieser ach so schlaue Teufel durch die simpelsten Schliche ausmanövrieren. »Nostradamus beispielsweise erlangte seine Hilfe, indem er gelobte, dem Bösen nach seinem Tode ganz anzugehören, ob er nun in einer Kirche oder außerhalb begraben sei. Nostradamus aber hatte dann in seinem Testament befohlen, man solle ihn unter der Mauer der Sakristei begraben. So war er weder außerhalb noch innerhalb einer Kirche und ruht dort immer noch in Frieden.«

In bestimmten Punkten jedoch folgt auch de Plancy den Dogmen der Kirche. So sind die Dämonen auch für ihn gefallene Engel. Sie leben, schreibt er, »an einem Ort, den man Hölle nennt oder Abgrund. Viele denken, dieser Ort liege in der glühenden Mitte unseres Erdballs. Doch die Dämonen bevölkern auch die Luft. Zumindest schreibt dies der heilige Paulus. Der heilige Prospero sieht ihr Heim im Nebel. Swinden hingegen versuchte zu beweisen, dass sie im Innern der Sonne hausen, andere wiederum haben sie auf den Mond versetzt. Beschränken wir uns also darauf festzustellen, dass sie *in den unteren Regionen* leben und Gott ihnen erlaubt, die Menschen zu versuchen und auf die Probe zu stellen.«

Was die Zahl der Dämonen angeht, so berichtet de Plancy von Quellen, die von 6666 Legionen schreiben, welche wiederum aus je 6666 schwarzen Engeln bestehen. Das gäbe 45 Millionen. Unter ihnen gibt es Prinzen, Marquis, Herzöge und Grafen. Doch es gebe auch Stimmen, die von weitaus mehr Teufeln sprechen. Diesen zufolge existierten ebenso viele dunkle Engel wie Menschen. Wie jeder Mensch seinen eigenen Engel habe, so habe er auch seinen eigenen Dämon.

Sodann beschreibt de Plancy die Fürsten dieser Welt: Beelzebub, den obersten Herrn der Hölle; Satan, den entthronten Prinzen; Moloch, den Herrscher des Tränenlandes; Pan, den Herrn über die Albträume; Proserpina, die Erzteufelin und Thronerbin; Baal, den Kriegsminister und Kommandanten der höllischen Heerscharen; Belfagor, den Botschafter des Teufels in Frankreich; Asmodeo, den Patron des Glücksspiels; Nibba, den Hanswursten und Spassmacher und so weiter.

Die von de Plancy beschriebene Hölle scheint ähnlich organisiert zu sein wie die Menschenwelt. Im Mittelalter erhielt die Hölle erstmals eine hierarchische Gliederung mit Herrschern, Kaisern, Prinzen, Ministern, Botschaftern, Kammerherrn und Schatzmeistern. Diese Tradition war zu der Zeit, als das *Dictionnaire infernal* verfasst wurde, noch lebendig. So

stoßen wir dort auch auf Nergal, den Chef der höllischen Geheimpolizei,
und auf Astaroth, den ersten Schatzmeister. Beelzebub, der oberste Herrscher, hatte zu einem nicht genannten Zeitpunkt Satan entthront, der daher nur noch der Kommandant der aufständischen Engel ist. Revolutio-
nen gibt es also auch in der Hölle, meint de Plancy augenzwinkernd und
fügt hinzu: »Es ist nicht verwunderlich, dass Satan von Beelzebub entthront wurde. Der alte Kommandant der rebellischen Horden (denn es
war Satan gewesen, der sich gegen Gott aufgelehnt hatte) flößte der höllischen Aristokratie, die ihren Status erhalten sehen wollte, keinerlei Vertrauen ein.« Und doch herrsche Satan, nach den Worten de Plancys, immer noch – mit Hilfe der entfesselten Massen, der wenig streitbaren Kir-
chen, der gierigen Bürgermeister und der Intellektuellen, die sich wie
immer an den Meistbietenden verkaufen.

Und de Plancy treibt die Ironie noch weiter. Im Folgenden beschreibt
er alle sechzig Teufel mit einer gewissen Sympathie und unverhohlener
Bewunderung für ihre Gaben. Abigor zum Beispiel, der Kommandant der
60 höllichen Legionen, kennt wie kein anderer die Geheimnisse des Krieges und lehrt die »Offiziere, wie sie sich bei ihren Leuten beliebt machen«. Aguare, der Großherzog des östlichen Höllenreiches, »verleiht
Würde, lehrt alle Sprachen verstehen und bringt die Erdgeister zum Tan-

Moloch. Illustration zum *Dictionnaire infernal* von Collin de Plancy.

zen«. Alocero, der Großherzog der Hölle, »spricht in hoheitsvollem Ton und lehrt die Geheimnisse der Astronomie und der freien Künste«. Amon, Marquis der höllischen Ordnung, »ist ungeheuer stark. Er kennt Vergangenheit und Zukunft. Wenn er will, versöhnt er streitende Parteien.« Arioch, der Rachegeist, »kümmert sich ausschließlich um die persönliche Vergeltung derer, die ihn anrufen«. Asmodeo, der dämonische Lehrer dagegen, »schenkt magische Ringe, lehrt die Menschen, sich unsichtbar zu machen, weiht sie in die Geheimnisse der Geometrie, der Arithmetik und der mechanischen Künste ein. Er weiß alle Schätze, und man kann ihn zwingen, sie zu enthüllen.«

Das Bild, das de Plancy entwirft, ist damit beileibe noch nicht erschöpft. Barbato zum Beispiel, ein höllischer Graf, »lehrt, die Zukunft im Gesang der Vögel, im Gebrüll der Stiere, im Gebell der Hunde und in anderer Tiere Laut zu erkennen. Er findet Schätze, die von Zauberern versteckt wurden.« Er sei, so de Plancy, eine Art Robin Hood der Wälder und zeige sich meist als Bogenschütze oder Jäger verkleidet. Beret, ein anderer Graf der Unterwelt, »weiß unedle Metalle in Gold zu verwandeln und ist daher der Schutzdämon der Alchemisten«. Buer, ein Dämon der zweiten Klasse, »lehrt Philosophie, Logik und Heilkräuterkunde. Er hilft, gute Dienstboten zu finden, und lässt Kranke wieder gesund werden.«

Luzifer. Illustration zum *Dictionnaire infernal* von Collin de Plancy.

Und als ob das noch nicht genug wäre, zählt de Plancy noch weitere wunderbare Fähigkeiten der Dämonen auf. Forcas, ein großer Kavalier, »hilft, Verlorenes wieder zu finden, lehrt Logik, Ästhetik, Chiromantik und Rhetorik«. Graf Furfur hingegen »hält die Bande zwischen Eheleuten zusammen und antwortet auf abstrakte Fragen«. Luzifer, der Regent des Ostens, ist ein Schalk. Einer seiner Lieblingsscherze ist es, »Hexen den Besen zu rauben, mit dem sie zum Sabbat fliegen, und ihnen mit diesem dann den unteren Rücken zu versohlen. Zumindest haben dies die Hexen von Moira in Schweden 1672 zu Protokoll gegeben.« Er kleidet sich elegant und »dieselben Hexen gaben an, ihn beim Sabbat in gelbem Rock, blauen Hosen und roten, mit Bändern geschmückten Strümpfen gesehen zu haben«.

Und auch ein Schatzmeister fehlt in der Hölle nicht. Melchom ist derjenige, der die Angestellten des öffentlichen Dienstes in der Unterwelt bezahlt. Nibba, ein Dämon niedriger Ordnung, ist zuständig für Visionen und Träume. Er ist der Narr des höllischen Hofstaates. Orobas, großer Fürst des infernalischen Reiches, deckt Lügen auf, teilt Amt und Würden zu und versöhnt feindliche Parteien. Romwe dagegen, ein höllischer Marquis, »schenkt seinen Anhängern die Beherrschung aller Sprachen sowie Ansehen bei den Menschen«. Prinz Stola aber ist ein Kenner astronomi-

Ukobach. Illustration zum *Dictionnaire infernal* von Collin de Plancy.

scher Welten. Er weiß um die Eigenschaften der Pflanzen und der kostbaren Steine. Ukobach, dessen Körper immer verbrannt ist, »hat das Feuerwerk und die frittierten Speisen erfunden. Seine Aufgabe ist es, in den höllischen Kesseln das Öl am Sieden zu halten.« Was nun Satan angeht, so meint de Plancy, so halten ihn viele für den obersten Herrscher der Hölle. Andere wiederum ordnen diese Aufgabe Beelzebub zu, der Satan entthront haben soll.

Aus diesem kleinen Ausschnitt sollte deutlich geworden sein, dass de Plancys Dämonen vielerlei Fähigkeiten besitzen, sodass sie keineswegs nur boshafte Kreaturen sein können, deren einziges Ziel es ist, den Menschen zum Verlust seiner unsterblichen Seele zu verleiten. Aus dem *Höllenlexikon* wird klar, dass es der Mensch ist, der darüber entscheidet, wie er die ihm verliehenen Gaben der Dämonen einsetzt. Sein Wille ist frei. Er kann zwischen Gut und Böse wählen.

Wieder einmal tritt trotz des im Grunde ironischen Ansatzes klar zutage, dass der Dämon Motor unserer inneren Entwicklung ist und nicht der Vernichter unseres menschlichen Lebens mit all seinen Möglichkeiten. Auch für de Plancy ist der Teufel das Zünglein an der Waage. Doch der Mensch bestimmt, ob sich deren Schalen zum Guten oder zum Bösen neigen.

11

Teufel und Hölle in
Legende und Fabel

Und wie haben wir uns das Jenseits nun vorzustellen? Gibt es Himmel und Hölle denn wirklich? Oder ein Fegefeuer, in dem die Seelen geläutert werden, bevor sie Eingang finden in den Garten der Seligen? Und falls diese Welten existieren, wo sind sie dann zu finden?

Auch wenn sich die heiligen Schriften zu diesen Fragen ausschweigen, hat sich der Mensch diesbezüglich stets seine Gedanken gemacht. Die Hölle beispielsweise wird in fast allen Kulturen *unten* lokalisiert, da der Himmel, der traditionelle Sitz der Götter nun einmal offenkundig *über* unseren Köpfen liegt. Folglich muss sich die Hölle in der entgegengesetzten Richtung befinden. Trotz dieser überall zu findenden universellen Ausrichtung aber wurden sowohl Paradies als auch Hölle von den Gläubigen ganz unterschiedlich ausgestaltet und an die merkwürdigsten Orte verlegt – selbst wenn der heilige Augustinus im *Gottesstaat* sagt, dass niemand mit Sicherheit wissen könne, wo beides zu finden sei, sofern Gott ihm dieses nicht enthülle. Unbeeindruckt von den Ermahnungen dieser hohen christlichen Autorität haben die Menschen immer wieder versucht, den Ort des himmlischen Lohns und der ewigen Verdammnis geografisch festzumachen. Hölle und Paradies erhielten die unterschiedlichsten Namen und wurden bis ins Detail beschrieben. Einige Beispiele wollen wir uns im Folgenden ansehen.

Der reale Ort von Paradies und Hölle

Der Ort ewigen Glücks hat die mannigfaltigsten Bezeichnungen erhalten: Da ist zum einen das biblische Eden, doch daneben gibt es noch den Garten der Hesperiden, die Insel der Seligen, die elysischen Gefilde, Atlantis, die Insel Avalon, Thule und noch viele mehr. Die meisten Kulturen glaubten, dass das Paradies im Osten liege, wo die Sonne aufgeht: in Mesopotamien zum Beispiel, zwischen Euphrat und Tigris, wie es das erste Buch Mose zu suggerieren scheint.

Gewöhnlich verlegte man diesen Ort in luftige Höhen, in den Himmel oder auch einfach nur auf einen Berg. In den heiligen Schriften Indiens zum Beispiel ist der Berg Meru der Sitz der Götter. Von dort aus fließen vier Ströme in die Welt der Menschen. Ezechiel (XXVII, 13–16) verlegt den Garten Eden auf einen Berg aus funkelnden Edelsteinen: Rubine, Topase, Diamanten, Saphire, Smaragde. Und er nennt das Paradies den »heiligen Berg Gottes«. Auch der Olymp, auf dem die griechischen Götter wohnen, ist ja schließlich ein Berg. Und Dante verlegt sein Paradies ebenfalls auf den Gipfel des »Läuterungsberges«, denn sein Purgatorium ist ein Berg mit aufsteigenden Stufen der Läuterung.

Im Mittelalter zeichnete man das Paradies gar auf Karten ein, ein deutliches Zeichen dafür, dass man eines Tages hoffte, diesen Ort tatsächlich zu finden. Christoph Kolumbus selbst nahm nach seiner Landung auf den Westindischen Inseln an, er sei an die Schwelle des irdischen Paradieses gelangt. Diese naive Gläubigkeit mag uns heute amüsieren, doch sie zeigt uns auch, wie stark der Glaube der Menschen und wie intensiv ihr Verlangen nach dem Absoluten damals war.

Natürlich hat auch die Hölle einen realen Ort. Der deutsche Begriff »Hölle« stammt wohl von gotisch *halja* ab, was das »Verborgene« heißt, ein Umstand, der einmal mehr auf die vermutlich unterirdische Lage des Orts der Strafen schließen lässt. In dieselbe Richtung weist das lateinische Adjektiv *infernus*, von dem der Begriff »Inferno« abstammt und das ebenso alles bezeichnet, was sich »unten« befindet. Diese Vorstellung hat sicher auch damit zu tun, dass man die Toten in der Erde begrub. Ihr Aufenthaltsort konnte doch nicht allzu weit entfernt von ihrer Grabstelle sein.

In diesem Reich regieren die Finsternis, die Stille, das Vergessen und der Staub. Auch Flüsse gibt es dort. Die alten Griechen nannten sie Styx, Acheron, Kokytos und Phlegeton. Die Ägypter glauben, dass ihre Toten einen unterirdischen Nil überqueren müssen, auf dem das Sonnenschiff in der Nacht von Westen nach Osten fährt, wo es am Himmel wieder auftaucht.

Bei den Griechen gab es in der Unterwelt keine Unterscheidung nach sozialen Klassen oder moralischen Verdiensten. Die Toten waren Schatten, bleich und leblos, denen ihre Tugend oder ihre Schuld nicht anzumerken war. Sie lebten dort unter der absoluten Herrschaft der Götter der Unterwelt. Erst später wurde unter dem Einfluss der orphischen Mysterien die Unterwelt in zwei Abschnitte unterteilt: den dunklen Tartaros für die Unreinen und das lichthafte Elysium für die erwählten Seelen. Hier zeigt sich zum ersten Mal die Vorstellung von Himmel und Hölle, wie wir sie heute kennen. Mit der Zeit nahm auch die Hölle immer ausgeprägtere Züge an, und da sie immer »auf der dem Paradies entgegengesetzten Seite« liegen musste, wurde die Hölle in den Westen verlegt, wo die Sonne abends von der Erde verschlungen wird. Denn das Paradies befand sich ja – wie wir bereits gehört haben – im Osten.

In den folgenden Jahrhunderten gab es immer mehr Lokalisierungsversuche, die der Hölle die verschiedensten Orte zuwiesen: im Abgrund des Josaphat (*Legenda aurea*), unter den Erdpolen, in den Eingeweiden der Erde, auf einsamen Inseln inmitten unbekannter Ozeane, in Vulkanen. Häufig wurde die Hölle im Ätna angesiedelt, der einst dem Feuergott Vulkan ein Heim geboten hatte. Oder auf der vulkanischen Insel Lipari. Dante verlegte die Hölle ins Herz der Erde, und diese Vorstellung ist auch heute noch sehr verbreitet, auch wenn die moderne Theologie nicht mehr von »Orten«, sondern von »Bewusstseinszuständen« spricht.

Für das jüdische Volk hieß die Hölle Dschehenna. Dort wurden die Gottlosen bestraft. Satans Aufgabe war es, mit seinen gefallenen Engeln die Verdammten zu martern. Natürlich liegt auch hier das Paradies der Dschehenna gegenüber.

Das Christentum erweitert diese grundlegende Zweiteilung um einen dritten Ort, an dem die Seelen geläutert werden: das Fegefeuer oder Purgatorium.

Was die Höllenstrafen angeht, so hatte man im Mittelalter ziemlich genaue Vorstellungen, die in den verschiedensten visionären Schriften niedergelegt wurden. Beinahe könnte man von einem Wettbewerb um die grausigsten Schilderungen der Bestrafung sprechen. Der gelehrte Dante kannte die Visionsliteratur vor seiner Zeit ziemlich genau. Daher flossen in seine *Göttliche Komödie* viele mythologische und klassische Elemente ein, die seine geniale dichterische Begabung miteinander verwob.

Zahlreiche mittelalterliche Legenden greifen das Thema vom realen Ort der Hölle auf. In der Legende von Brandan, dem »heiligen Abt aus Hibernia«, heißt es zum Beispiel, er habe unbekannte Meere durchfahren und sei dort auf eine Feuerinsel gestoßen, auf der als Schmiede verkleidete Teufel die Seelen der Verlorenen auf dem Amboss weich klopften. Und in einem französischen Epos des 13. Jahrhunderts, *Huon de Bordeaux*, heißt es, die Hölle sei eine Insel mit Namen »Moysant«. Am weitesten verbreitet war allerdings auch damals die schon in der Antike existierende Vorstellung, die Hölle befinde sich in den Eingeweiden des Erdballs: ein schwarzer, rauchender Abgrund, der sich unter dem lieblichen, grünen

Angesicht der Erde jederzeit öffnen könne. Dante selbst unterstreicht diese Auffassung, wenn er Satan als Wurm betrachtet, der die Erde durchlöchert, die so zum Apfel wird, außen strahlend schön, innen aber faulig.

Um die Hölle zu betreten beziehungsweise zu verlassen, nutzten die Teufel Höhlen, Schluchten, Abgründe und Vulkankrater. Die Legende vom St.-Patricks-Brunnen in Dublin erzählt zum Beispiel, dass dieser Fegefeuer und Hölle miteinander verband.

Man stellte sich die Hölle dunkel vor, nur von ein paar Flämmchen und der höllischen Glut erhellt und von übel riechendem Rauch erfüllt. Im Mittelalter nahm man an, sie sei hunderttausend Meilen lang. Im 16. Jahrhundert allerdings wurde die Hölle von einem Jesuitenmönch in ihren Ausmaßen stark reduziert. Ein deutscher Theologe rechnete sogar vor, dass 1000 Quadratmeilen genügen müssten, um 100 000 Seelen unterzubringen, die es ja nicht unbedingt bequem haben mussten. Dante stattet seine Hölle mehr oder weniger genauso aus wie die Erde, nur dass sie nur das Schreckliche zu enthalten scheint, was sich in dieser Welt finden lässt: die tiefsten Abgründe, die stinkendsten Sümpfe, die mächtigsten Flüsse, Furcht einflößende Wälder voll unbekannter Bäume mit dornigen, giftigen Früchten, trübe Seen mit faulendem Wasser. Die höllischen Städte hallen von Entsetzensschreien wider. Eiskalter Regen und wütende Sturmwinde peitschen die Verlorenen umher. Die Tierwelt besteht aus wilden Bestien, Drachen, Schlangen und abstoßenden Insekten. Unendlich jedoch waren die Qualen, denen die Verdammten unterworfen wurden, besonders die Feuerplagen. Der heilige Augustinus schreibt, dass alle Meere der Welt die schrecklichen Flammen der Hölle nicht löschen könnten. Aber auch das Eis war ein Marterwerkzeug, gab es doch auch eine kalte Hölle, in der die Verurteilten ins ewige Eis verbannt waren.

Lebendig in der Hölle

Weit verbreitet war auch der Glaube, bei lebendigem Leib in der Hölle zu landen, wenn man durch sein Verhalten eine solch drastische Strafe verdient hatte. Giosuè Carducci hat dazu eine berühmte Ballade geschrieben, die in Italien heute noch in vielen Schulen auf dem Lehrplan steht: *La leggenda di Teodorico* (Die Legende von Theoderich, 1884). Die Geschichte geht wie folgt: Theoderich, König der Goten, in Deutschland besser bekannt als Dietrich von Bern, badet in der Etsch und lässt dabei vor seinem inneren Auge sein Leben Revue passieren: seine Jugend als

Ritter, seine Eroberungen, den Ruhm, die Grausamkeiten, die er begehen musste, um an die Macht zu gelangen. Und plötzlich sieht er einen wunderbaren Hirsch mit goldenem Geweih und Hufen aus Eisen. Der leidenschaftliche Jäger verlässt das Wasser, bedeckt sich notdürftig mit einem Tuch und befiehlt den Dienern, sofort Waffen, Hunde und sein Pferd herbeizuschaffen. Doch der mysteriöse Hirsch verschwindet mit einem Mal. Gleichzeitig vernimmt der König an seiner Seite ein eigenartiges Wiehern: ein prächtiger Rappe steht mit einem Mal neben ihm, gesattelt und bereit.

Einem alten Raben gleichend
schwarz wie Kohle seine Augen
stand das Höllentier vor ihm –
und der König schwingt sich auf.
Angstvoll wendet sich das Fußvolk
und schreit »Wehe!« laut und »Ach!«.
Furcht hält sie zurück, die Diener
wollen ihm nicht folgen nach.

Mitten in dem lauten Trubel
schießt der Höllenhengst mit einmal
wie ein Blitz so schnell davon.
Stock und Stein ihn nicht bekümmern.
Auf und ab geht's mit den Hufen,
Weiter, weiter, immer fort.
Berg und Tal ihn nicht mehr halten,
längst der König will vom Pferd,
fruchtlos aber ist sein Mühen.

Das schwarze Pferd gilt – wie der schwarze Hund – seit jeher als eine der bevorzugten Erscheinungsformen des Teufels. Auch Theoderich begreift nun, dass er es nicht mit einem normalen Tier zu tun hat. So ruft er dem treuen Schildknappen zu, der als Einziger ihm zu folgen wagte:

Höllenblut treibt dieses Tier an,
nie sah ich je so ein Pferd.
Nur die Jungfrau selbst mag wissen,
ob der Reiter wiederkehrt!

Doch die Muttergottes hat anderes zu tun, als sich gerade um Theoderich zu kümmern, lässt uns der Dichter wissen. Unter ihrem blauen Mantel schützt sie die Märtyrer, die durch den grausamen Herrscher das Leben verloren. Ihm aber gebührt nun die himmlische Rache:

Auf und weiter über Steine
rast das Tier ohne Zügel hin.
Nacht hält ihm nun weit das Tor auf,
Sterne seine Hufe sind.
Unten schläft der Apennino,
hüllt sich in das dunkle Tuch,
und im bleichen Licht des Morgens
ist versunken Pisas Meer.

Dort ist Lipari, die Insel,
die dem Vulkan einst war Heimat,
zwischen ihren Felsenspalten
schimmert rot sein Feuer noch.
Dort hält nun der Lauf der Hufe,
wiehernd wirft der Rabenschwarze
in den Himmel hoch die Mähne:
Und in tiefe Feuerschlünde
stürzt der König ohne Halt.

Satan selbst ist in Gestalt des schwarzen Hengstes gekommen und hat den Gotenkönig mit sich genommen, um ihn lebendig in den Krater des Vulkans zu schleudern. In einer einzigen Nacht hat er ganz Italien durchquert, von der Etsch bis nach Lipari. So vollzog Gott mit Hilfe des Fürsten der Finsternis seine heilige Rache, die die Gerechtigkeit auf Erden wieder herstellte. Während Theoderich in den Flammen versinkt, zeichnet sich am Horizont, wo gerade die Sonne aufgeht, das »fromme Gesicht« von Boethius ab, dem römischen Senator, der von dem gotischen Despoten zu Tode gefoltert wurde.

Des Teufels Künste und Gaben

Wie die Engel, so sind auch die Teufel ungeheuer zahlreich. Manche behaupten sogar, dass jeder Mensch seinen Engel und seinen Dämon habe. Wie wir im vorhergehenden Abschnitt bereits gesehen haben, gibt es kluge und dumme Teufel, gebildete und ungebildete: wie die Menschen eben.

Denn schon Dostojewski bemerkte in *Die Brüder Karamasow*: »Wenn der Teufel nicht existiert, wenn der Mensch ihn wirklich selbst erschaffen hat, dann hat er ihn nach seinem Bilde gemacht.«

Nichtsdestotrotz werden dem Teufel seit jeher Wunderkräfte zugeschrieben, letztlich all das, was dem Menschen zuwider ist und was er sich nicht zu erklären weiß. Arturo Graf, ein Gelehrter, der sich intensiv mit dem Thema »Himmel und Hölle« auseinander setzte, schreibt 1890 in seinem Buch *Il diavolo* (Der Teufel): »Kirchenväter und Gelehrte sind sich einig, dass alle falschen Religionen eine Erfindung des Teufels sind, genauso wie die okkulten (und vielleicht auch die nicht-okkulten) Wissenschaften und alle häretischen Ansichten. Er ist es, der die Samen der Zwietracht sät, Streit und Rebellion hervorruft, den Mangel gebiert, Kriege anzettelt und das Böse regieren lässt. Er ist es, der den Antipapst weiht, gottlose Bücher in die Feder diktiert, Unruhe stiftet, Menschen in den Ruin treibt sowie Schiffbruch, Mord, Totschlag und jede Art von Skandal zu verantworten hat. Er kennt alle verborgenen Schätze der Erde, die ihm zu Eigen sind. Man sagt sogar, dass der Antichrist, sein Sohn und Erbe, diese eines Tages dazu benutzen wird, um zum Herrn der Welt aufzusteigen ...«

Satan und die Landschaft

Wo immer in der Natur ein Ort nicht zugänglich ist oder eine unheimliche Ausstrahlung hat, wird er mit dem Teufel in Verbindung gebracht: Das können Gipfel sein, Abgründe, Felsbrocken, dunkle Hohlwege und tiefe Schluchten. Doch auch schöne, geheimnisvolle Orte locken scheinbar den Teufel herbei: der *Sciliar* in den Dolomiten zum Beispiel. Dieser hat nicht einen Gipfel, sondern deren drei, die alle zwischen 2400 und 2600 Meter hoch sind. Die Gegend ist wunderschön: eine weite Hochebene, über der sich zyklopenhaft die drei Felstürme erheben. Vermutlich ist diese Region deshalb schon seit der Antike besiedelt. Aus fossilen Funden wissen wir, dass dort in grauer Vorzeit Riten zu Ehren heidnischer Götter stattgefunden haben. Selbst die im 4. Jahrhundert n. Chr. einsetzende Christianisierung konnte dem Berg diese magische Aura nicht nehmen. Ganz im Gegenteil. Der Sciliar wurde im Volksglauben nach und nach zu einem Ort schwarzer Magie, an dem sich Satan mit seinen Hexen traf, um Ränke zu spinnen, wie man den guten Christen schaden könne. Alles, was dort an Schlimmem geschah, vom Blitz, der die Hütte in Flammen aufgehen ließ, bis zur Lawine, die unschuldige Wanderer in den Tod riss, schrieb man dem Teufel und seinem Wirken zu. Wieder einmal sehen wir das ewige Bedürfnis des Menschen am Werk, all das, was er nicht begreift, auf fremde Schultern zu laden. So setzte am Sciliar, vor allem in der Gegend um das Dorf Fié, im 16. Jahrhundert eine gnadenlose Hexenjagd ein. Die angeblichen Verbündeten Satans wurden gefoltert und auf dem Scheiterhaufen verbrannt. Heute legen nur noch die Prozessakten vom grausamen Treiben der Dörfler Zeugnis ab, welche die angeblich vom Dämon Besessenen durchweg zum Tode verurteilt sehen wollten.

Der Teufel als Architekt – die berühmten Teufelsbrücken

Der Teufel ist auch ein geschickter Baumeister, vermutlich eine seiner sympathischeren Eigenschaften. Bei allen Bauwerken, welche die menschlichen Fähigkeiten irgendwie zu übersteigen scheinen, soll er seine Hand im Spiel gehabt haben. Ein berühmtes Beispiel ist der Hadrianswall. Der römische Kaiser Hadrian ließ dieses Bollwerk zwischen England und Schottland errichten, das man auf Grund seiner gewaltigen Größe und Dicke dem Teufel zuschrieb.

Die berühmten schiefen Türme von Bologna (ja, auch dort gibt es schiefe Türme), der Torre Asinelli (97 m) und der Torre Garisenda (48 m) haben die Fantasie des Volkes ebenfalls herausgefordert, weil sie so beunruhigend aus dem Lot über der Stadt thronen: Luzifer soll sie in einer einzigen Nacht geschaffen haben.

Auch kühne Brücken werden häufig als Werk des Teufels betrachtet, vor allem, wenn sie sich hoch über reißende Flüsse und tiefe Abgründe spannen und man sich kaum vorstellen kann, dass sie von Menschenhand erbaut wurden. Die Brücke von Saint Cloud in Paris ist so ein Beispiel teuflischer Baukunst, doch noch beeindruckender ist die Brücke über die Schollenen-Schlucht in der Schweiz, in der tief unten die Reuß fließt. Aber auch die Donaubrücke in Regensburg und die Rhonebrücke in Avignon sollen dämonischen Händen entsprungen sein.

In Italien fehlt es ebenso nicht an Denkmälern teuflischer Ingenieurskunst. Die überdachte Brücke über den Ticino in Pavia, welche die Stadt mit dem Vorort Borgo-Ticino verbindet – ein gewaltiges Bauwerk von 216 Meter Länge, mit sechs Pfeilern, sieben Brückenbögen und etwa hundert Granitsäulen, die das Dach tragen –, wurde 1350 auf den Resten einer älteren Brücke errichtet. Luziferischen Ursprungs soll ebendiese erste Brücke sein, über die man so gar nichts weiß. So ist zum Beispiel nicht bekannt, weshalb sie überhaupt eingestürzt ist. Die Legende berichtet, dass sie von den Bürgern Pavias mit Hilfe des Teufels innerhalb einer Nacht errichtet wurde. Dieser ließ sich die erste Seele versprechen, welche die Brücke überqueren würde. Das bedeutete natürlich, dass niemand die Brücke benutzen wollte, nachdem sie fertig gestellt war. Ein wenig tierfreundlicher Bürger löste das Problem, indem er ein Stück Brot auf die Brücke warf und einen Hund hinterherschickte. Der Hund lief dem Brot nach, fiel in den Fluss und verschwand darin. Daher errichtete man am Ufer ein Kirchlein. Der Teufel, zornig über den Betrug, schwor, dass er die Brücke in derselben Zeit zerstören würde, in der sie errichtet worden war. Ob dies tatsächlich geschehen ist, ist nicht überliefert. Dass die Brücke allerdings neu aufgebaut werden musste, steht fest.

Eine ähnliche Geschichte rankt sich um die Brücke, die bei Cividale in Friaul den Natisone überspannt. Da es dort keine Brücke gab und die Bürger den Fluss nicht überqueren konnten, bot ihnen der Teufel auch hier an, eine zu bauen, wenn man ihm dafür die erste Seele überließe, die das Bauwerk überqueren würde. Die Bürger von Cividale versprachen dem Teufel alles, was er wollte, und so errichtete er mit Hilfe seiner Mutter in einer Nacht eine fest gebaute Brücke über den Natisone. Doch als der Augenblick gekommen war, in dem ihm sein Lohn zuteil werden sollte, geschah dasselbe wie in Pavia: Man ließ einen Brotlaib auf die Brücke rollen, ein Hund rannte hinterher, weil er Hunger hatte – und der Teufel musste mit der Seele des armen Hundes zufrieden sein. Vor lauter Wut schleuderte er das Tier gegen einen Felsen, der neben einem der Brückenpfeiler aufragte. Der Hund wurde in Stein verwandelt und kann dort heute noch besichtigt werden.

Die Schätze des Teufels

Doch nicht nur Teufelsbrücken gibt es unzählige in Italien und auf der ganzen Welt. Nicht minder zahlreich sind die Sagen, die sich um des Teufels Schätze ranken, die er dem Menschen anbietet – im Tausch gegen seine Seele natürlich.

Eine solche Geschichte aus der Gegend um Aquila hat uns der Volkskundler di Giacomo in seinem Buch *Leggende sul diavolo* (Teufelslegenden) überliefert. Er seinerseits hat sie einem alten Exemplar des *Archivio per lo studio delle tradizioni popolari* (Archiv für volkskundliche Überlieferungen) entnommen, das zwischen 1880 und 1910 von mehreren Gelehrten zusammengetragen wurde. Diese hatten sich zur Aufgabe gemacht, Sagen und Legenden der verschiedenen Gegenden Italiens zu sammeln. Dort lesen wir die folgende Geschichte:

In einem tiefen Loch nahe der Kirche von San Giovanni in Lucoli, einem Dorf, das von Aquila etwa fünf Meilen entfernt liegt, soll ein Schatz liegen. Um diesen zu heben, muss man dem Teufel die Seele eines Kindes opfern. Also brachte ein Mann dort einen Jungen hin, band ihn mit einem Seil fest und ließ ihn in das Loch hinunter. Dabei befahl er ihm, laut zu rufen: »*Teufel, nimm diese Seele und gib mir das Gold.*« *Doch der Junge rief stattdessen:* »*Teufel, nimm die Seele dessen, der oben geblieben ist, und gib mir das Gold.*« *Da zog der, welcher oben geblieben war, ihn sofort heraus und gab ihm Stockschläge zum Lohn.*

Die unermesslichen Schätze, die der Teufel angeblich besitzt und jenen schenkt, welche ihm ihre Seele überlassen, werden seltsamerweise nie gefunden. Was zuerst und vor allen Dingen heißt, dass der Volksglaube allzu leicht gewonnenem Reichtum misstrauisch gegenübersteht. Und dass es unrecht ist, für Gold seine unsterbliche Seele zu geben. Plötzlicher Reichtum und Ruhm können also nur das Resultat eines wirklich und wahrhaftig mit dem Teufel geschlossenen Paktes sein, der in allen Einzelheiten ausgehandelt wurde.

Der Teufel und die Hexen

Hexen zum Beispiel sind durch einen Pakt an den Teufel gebunden. Er verleiht ihnen übernatürliche Kräfte, die sie zu üblen Zwecken nutzen. Als Gegenleistung haben sie ihm ihre Seele verschrieben. Aber sogar in diesen Fällen gelingt es dem Menschen häufig, durch List und Tücke den Teufel in die Falle zu locken. Ich möchte Ihnen hier zwei Legenden vorstellen, die ich beide dem bereits erwähnten Buch von di Giacomo entnommen habe. Beide haben sie mit dem Tod ganz kleiner Kinder zu tun, einem Schicksalsschlag, dem der Mensch ebenso hilflos wie verständnislos gegenübersteht – auch in jener Zeit, als diese Geschichten gesammelt wur-

Ulrich Molitor: *Eine Hexe hat Umgang*
mit dem Teufel. 1849.

den. Eben aus diesem Grunde schrieb man solche Unglücksfälle häufig dem Neid und der Eifersucht der Mitmenschen zu – und dem Teufel, der sich mit Hilfe seiner Verbündeten, der Hexe, in ein Tier verwandeln kann, um seine finsteren Ziele zu erreichen. Beide Legenden kommen aus der Gegend um Chieti in den Abruzzen, finden sich aber in dieser oder ähnlicher Form in fast allen Regionen und Ländern wieder.

Die erste Geschichte handelt vom Neid einer Frau, die vielleicht selbst keine Kinder bekommen konnte.

Eine Mutter hatte einst ein Kind, das jeden Tag mehr verfiel, obwohl es nicht krank war. Da fiel ihr auf, dass ein schönes, junges Mädchen aus der Nachbarschaft den ganzen Tag um das Kind herumstrich. Und

Unbekannter Meister: *Hexen verwandeln sich in Tiere.* 1610.

nachts saß ein Falter auf seiner Brust, der sich nicht vertreiben ließ, son-dern immer wiederkehrte. Da die Frau Verdacht geschöpft hatte, fing sie den Falter ein und riss ihm ein Auge aus. Als am nächsten Morgen das junge Mädchen wiederkam, hatte es ebenfalls nur noch ein Auge.

In der zweiten Geschichte hingegen kommt der uralte Konflikt zwischen Schwiegermutter und Schwiegertochter zum Ausdruck und wird von den Protagonistinnen auf die Spitze getrieben:

Eine Frau hatte nur einen Sohn. Als dieser seinen eigenen Hausstand gründen wollte, nahm er ein junges Weib, das ihm gefiel, zur Frau. Seine Mutter aber wollte mit der Schwiegertochter nichts zu tun haben und widersetzte sich der Hochzeit bis zuletzt. Doch schließlich behielt der Sohn Recht, heiratete die junge Frau und nach neun Monaten gebar sie ihm ein wunderschönes Mädchen. Das kleine Ding bekam schon bald Zähne, war rund und froh. Doch bevor sie noch alle Zähne hatte, ma-gerte sie zusehends ab, wurde dünner und dünner und starb schließlich. Und so geschah es auch mit den anderen fünf Kindern, welche die junge

Frau gebar. Die verzweifelten Eltern ließen Messe um Messe lesen, ja legten gar das Messbuch in die Wiege, doch nichts wollte helfen. Also riet man dem jungen Mann, nachts besonders wachsam zu sein und das Kind neben sich zu legen. Und falls eine Katze neben dem Kind auftauchen sollte, so solle er sie »markieren«. Gesagt, getan. Eines Nachts hörte der Vater ein Geräusch im Zimmer, als würde die Tür schlagen. Kurz darauf spürte er etwas auf dem Bett. Er drehte sich um und sah eine Katze. Das Tier sehen und es ergreifen war eines. Dann säbelte er ihm mit einem bereitgelegten Rasiermesser ein Bein ab. Am Morgen danach konnte die Mutter des jungen Mannes nicht mehr aufstehen und klagte laut. Er fragte sie: »Mutter, was hast du?« »Ich ...?«, fragte sie zurück. Da sah er schon, dass sie nur noch eine Hand hatte.

Orte des Teufels

Die folgende Legende weiß, dass der Teufel häufig an »seltsamen« Orten zu finden ist. Auch scheint er über die Gabe des Hellsehens zu verfügen. Die Geschichte wurde in der Gegend um Acireale in Sizilien aufgezeichnet.

An einer Landstrasse ... liegt ein Stück Land, das man Cinnerazzu nennt. Dort soll es früher einen Gemeindeofen zum Brennen von Keramik gegeben haben. Man nimmt dies an, weil der Boden dort ganz mit Asche und Tonscherben durchsetzt ist. Im Dorf glauben alle, dass man des Nachts den Ofen manchmal brennen und einen Mann, der das Feuer schürt, sehen kann.

Ein gewisser Cicchitignolo kam eines Nachts an jenem Feld vorbei, weil er auf der Suche nach einer Hebamme war. Am Ofen lehnte ein Hund mit zwei langen Hörnern und sagte zu ihm: »Die Hebamme ist nicht zu Hause. Geh heim, deine Frau hat dir zwei Jungen geboren.« Der arme Mann zitterte vor Schreck am ganzen Leib, kehrte aber nicht um, weil er glaubte, seine Frau brauche die Hebamme unbedingt. Doch wie sehr er sie auch suchen mochte, er fand sie nicht. Und als er nach Hause kam, sah er, dass seine Frau schon längst geboren hatte und in der Wiege zwei Söhne auf ihn warteten.

Und schließlich noch eine Legende zu einem historischen Ort, der Burg in Poppi im Casentino, in der Nähe von Arezzo, wo es in früheren Zeiten zu einem Aufstand der Bevölkerung kam. Der Turm, der im Mittel-

Abbildung 22
Michelangelo: *Das Jüngste Gericht*. Sixtinische Kapelle, Petersdom,
Mitte des 16. Jahrhunderts.

Abbildung 23
Fra Angelico: *Das Jüngste Gericht*. Museum von San Marco, Florenz, 1431–1435.

Abbildung 24
Fra Angelico: *Das Jüngste Gericht – Die Hölle*. Museum von San Marco,
Florenz, 1431–1435, Detail.

Abbildung 25
Bartolomeo di Tommaso: Detail aus *Das Jüngste Gericht*. San Francesco, Terni, circa 1455.

Abbildung 26
Bartolomeo di Tommaso: Detail aus *Das Jüngste Gericht*. San Francesco, Terni, circa 1455.

Abbildung 27
Luca Signorelli: *Die Hölle*. Brizio-Kapelle im Dom von Orvieto,
Anfang des 16. Jahrhunderts.

Abbildung 28
Michelangelo: *Das Jüngste Gericht*. Sixtinische Kapelle,
Petersdom, Mitte des 16. Jahrhunderts, Detail.

punkt des grausigen Geschehens steht, heißt heute noch der »Teufelsturm«.

In der Ortschaft Poppi im Casentino kann man die Überreste einer alten Burg besichtigen, in der einst das Geschlecht der Guidi residierte. Dort soll eine gewisse Telda, Witwe eines Grafen Guidi und Herrin von Poppi, gelebt haben. Ihre Schönheit war ebenso außergewöhnlich wie ihre Verkommenheit. So verführte sie junge Männer von gutem Aussehen, lockte sie in ihren Palast, und nachdem sie ihre Lust an ihnen befriedigt hatte, ließ sie sie in ein Verlies unter dem Turm der Burg werfen und dort töten. Als die Bewohner von Poppi vom tragischen Schicksal eines der jungen Männer erfuhren, erhoben sie sich gegen Telda, belagerten die Burg, stürmten sie, nahmen Telda gefangen und ließen sie in ebenjenem Turm verhungern.

Früher konnte niemand ohne Schauder an diesem Ort vorbeigehen. Die Fantasie der Leute ließ sie dort regelmäßig Schatten und Gespenster sehen. Daher heißt der Turm auch heute noch »Teufelsturm«.

Die Tarotkarte »Der Teufel«

Das alte Wahrsagesystem des Tarot arbeitet mit den so genannten großen und kleinen Arkana, Karten, welche die archetypischen Situationen des menschlichen Lebens abbilden. Interessanterweise ist die fünfzehnte Karte der großen Arkana »Der Teufel«.

Oswald Wirth, der sein Leben der Erforschung des Tarots gewidmet hat und selbst ein Set Karten entwarf, schreibt über diese Karte: Der Teufel ist »die Seele der Welt, der Energiespeicher für alle Wesen. Das astrale Licht der Geheimwissenschaftler, die Lebensenergie im statischen Zustand, verborgene, animalische Kraft, Instinkt, Unbewusstes, Impulsivität«. Außerdem habe der Teufel zu tun mit »magischen Künsten, Hexerei, Faszination, Zauberei, Aberglauben, schmeichlerischen Worten, Erregung der Lüste, Rebellion«. Aber auch mit »Intrigen, Manipulationen, Maßlosigkeit, Gier und Chaos«.

Die Malerin Monica Canducci hat eine moderne Interpretation der Tarotkarten geschaffen (siehe ihr Buch *Gli arcani della soglia* – Die Arkana der Schwelle). Darin steht der Teufel für »die Eroberung des Unbekannten durch Bewusstseinserweiterung und Überwinden der eigenen Grenzen, die Manifestation der Schöpferkraft, Suche nach neuen Erkenntnis-

Oswald Wirth: *Der Teufel*. Große Arkana Nr. 15.

sen, vor allem in psychologischer Hinsicht, in der verborgenen Welt des Innenlebens«.

Die Karte des Teufels signalisiert »Vitalität, Ausstrahlung, die Fähigkeit, anderen eigene Erkenntnisse zu vermitteln, und den Wunsch, den eigenen Horizont zu erweitern«. Nehmen diese im Grunde positiven Qualitäten überhand, so schlagen sie schnell ins Gegenteil um: Unordnung, Chaos, Zügellosigkeit, Gier, Auflehnung gegen die Regeln, Regelüberschreitungen, Neigung zum Risiko, Abdriften in exzessive Erregungszustände.

So ist der Teufel also auch im uralten System des Tarot eine dynamische, schöpferische Kraft, die einen positiven und einen negativen Pol hat – wie alle Kräfte im Menschen. Es liegt also an uns, wohin sich das Zünglein der Waage letztlich neigt.

»Die Hölle ist London sehr ähnlich ...«

Die Zeiten ändern sich und mit ihnen unsere Vorstellungen. Die Bilder von Teufel und Hölle machen hier keine Ausnahme. Heute glaubt kein Mensch mehr an die Mythen und Legenden, die wir hier zusammengetragen haben. Und trotzdem verursacht der Teufel immer noch ein gewisses Unbehagen. Der Mensch fühlt sich versucht, ihn auszutreiben, auch wenn er zunächst einmal locker darüber zu witzeln scheint – über den Teufel und letztlich auch über sich selbst. So schreibt im 19. Jahrhundert P. B. Shelley in seinem Roman *Peter Bell the Third* : »Die Hölle ist eine Stadt wie London. Viele Menschen und noch mehr Rauch.« Und Georges Bernanos (1888–1948) scherzt in *Le monsieur Ouine* über das Höllenfeuer: »Man sagt immer, die Hölle sei heiß, aber letztlich kann das niemand bezeugen. In Wirklichkeit ist die Hölle eiskalt.«

Man hat auch versucht, dem Teufel die Macht abzusprechen. In bester christlicher Tradition schreibt der Prediger Ignatius von Loyola in seinen *Geistlichen Übungen*, dass der Teufel im Grunde sei wie eine Frau. Er sei schwach und wolle doch so gerne stark erscheinen.

Auch der französische Schriftsteller Joris-Karl Huysmans hat sich in *L'Oblat* des Themas angenommen. Er mahnt und beruhigt seine Leser gleichzeitig: »Der Teufel vermag nichts gegen unseren Willen, wenig gegen den Verstand, die Fantasie aber ist seine Sklavin.«

Und der italienische Dichter Leonardo Sinisgalli warnt in *L'età della luna* (Das Zeitalter des Mondes), dass »der Teufel dem Genie schlimme Streiche spielen kann, wohingegen er die Dummen vernachlässigt«.

Am Ende noch zwei Zitate aus der literarischen Moderne, in denen sich das Höllenbild des heutigen Menschen widerspiegelt, das von Einsamkeit und Mangel an Liebe geprägt ist. So legt Georges Bernanos seinem Landpfarrer die schönen Worte in den Mund: »Die Hölle, meine Dame, ist, wenn man nicht mehr liebt.« Und bei T. S. Eliot heißt es in *Cocktail Party*: »Was ist die Hölle? Wir selbst sind es. Die Hölle ist Einsamkeit, denn alle anderen Figuren dort sind nichts als Projektion.«

Reflexionen über das Diesseits und das Jenseits

Der Gelehrte Arturo Graf schreibt in seinem Buch *Il diavolo* (Der Teufel): »Stellen Sie sich eine Welt vor, die in drei Stockwerke aufgeteilt ist. Im obersten Stockwerk befindet sich das Paradies, das Reich Gottes, die Heimat der Engel und Seligen. Es ist erfüllt von strahlendem Licht, unsagbare Harmonien hallen dort wider, der Duft von nie verwelkenden Blumen erfüllt den ganzen Raum. Dies ist das Reich der unzerstörbaren Heiligkeit, der ewigen Seligkeit. Das Erdgeschoss ist unsere irdische Welt, bevölkert von den leidenden, frevelnden Menschen, die sündigen und sich doch loskaufen wollen, die leiden und doch vom Glück träumen. Ständig sind sie zwischen Gut und Böse hin und her gerissen. Das Untergeschoss bildet die Hölle, ein dunkler Schlund, in dem Satan mit seinen Engeln über die zahllosen Verdammten herrscht. Sie zahlen der himmlischen Gerechtigkeit eine Schuld ab, die sie nie werden begleichen können. Dort ist das Reich der unauslöschlichen Sünde, der Ruchlosigkeit, die niemals wieder gutgemacht werden kann. Der Ort unermesslichen, verzweifelten, ewigen Schmerzes. Doch neben diesem Reich findet sich auch ein Ort, an dem man seine Strafen verbüßen kann, wo der Schmerz Erleichterung findet durch die Hoffnung. Dies ist das Fegefeuer, die dunkle Vorhalle des strahlenden Himmels.

Die Welt im Erdgeschoss ist ein gewaltiger Seelenspeicher. Ständig verlassen Seelen diese Welt, die einen zieht es nach unten, die anderen nach oben. Satan und seine unermesslichen Heerscharen haben nur eines im Sinn: Sie versuchen, mit List und Tücke so viele Seelen wie möglich in die Hölle zu locken, zum Schaden des Paradieses. Über mangelnden Erfolg können sie nicht klagen.«

Diese Zeilen aus dem Jahr 1890 könnten – von der Sprache einmal abgesehen – gestern geschrieben worden sein. Tatsächlich hegen viele Menschen immer noch die gleiche Meinung. Entweder, weil es tatsächlich keine Alternativen gibt. Oder, weil sie noch nie darüber nachgedacht und daher auch keine anderen Vorstellungen entwickelt haben. Die *Göttliche Komödie* mit ihrer Dreiteilung der jenseitigen Welt scheint heute noch die wichtigste Informationsquelle über das »Leben danach«. Mir aber scheint dieses Bild doch ein wenig veraltet: der Mensch in der Mitte zwischen Himmel und Hölle, dem Untergang oder dem Leben der Seligen geweiht, je nachdem, wie er sich entscheidet. Und zwar für immer. Für die ganze Ewigkeit. Wollen wir also versuchen, ein anderes Bild zu schaffen? Zum

Beispiel: die irdische Welt als Ort der Prüfung (vielleicht nur einer von vielen), an dem wir Erfahrungen sammeln. Das Leben als Schule. Und das Böse als »Hindernis«. Das würde bedeuten: Luzifer wäre ein wertvoller Mitarbeiter Gottes, weil er uns Steine in den Weg legt, weil er uns (nach Kriterien, die unserem kurzsichtigen Blick entgehen) unsere Bürde auferlegt, weil er uns Schwierigkeiten und Probleme bereitet, um uns stärker und reifer zu machen, um unser Bewusstsein zu erweitern. Bis wir in der Lage sind, zur ewigen Quelle zurückzukehren, mit unseren authentischen Erfahrungen im Gepäck. Wir würden nie wachsen, wenn immer alles glatt ginge.

Was denken Sie über meinen Entwurf? In diesem Bild verlören »Himmel« und »Hölle« ihre Bedeutung als Orte ewiger Strafe beziehungsweise dauerhafter Belohnung. Sie würden zu Polen einer abenteuerlichen Reise über schaurige Abgründe und stille Wasser zu vorher ungekannten Höhen. Einer Reise, die uns immer weiter und weiter führt. Auch wenn wir auf Grund unseres Mensch-Seins das letztendliche Ziel dieser Reise nicht sehen können, kann es unser Leben doch schon grundlegend verändern, wenn wir wenigstens die Richtung, in die sie führt, intuitiv zu erspüren vermögen. Darüber aber mehr im letzten Kapitel.

12

Der Teufel sind wir: Die Visionen von Emanuel Swedenborg

Wie wir im letzten Kapitel sehen konnten, war schon T. S. Eliot der Auffassung, dass der Teufel in uns selbst steckt. Diese Auffassung war keineswegs neu. Bereits im Jahr 1758 wurde ein Buch gedruckt, das in Latein, der damaligen Sprache der Gelehrten, Aufschlüsse über ein ungewöhnliches Thema verhieß: *Himmel und Hölle*. Der Autor war ein gewisser Emanuel Swedenborg, ein zu jener Zeit berühmter Wissenschaftler und Mystiker, der sich entschlossen hatte, seine Visionen vom Paradies, von der Hölle und von der von ihm so genannten »Geisterwelt« schriftlich niederzulegen. Die »Geisterwelt«, so schreibt er, sei eine Art Zwischenwelt, in der sich die Seelen unmittelbar nach dem Tode des Leibes versammeln, um ihren künftigen Weg zu wählen.

Diesem Visionsbuch war ein unglaublicher Erfolg beschieden. Es wurde in viele Sprachen übersetzt und nach dem berühmten »Totenbuch der Tibeter« als »Christliches Totenbuch« bezeichnet. Sein Autor hat großen Einfluss auf so wichtige Persönlichkeiten wie Goethe, den amerikanischen Schriftsteller und Moralisten Ralph Waldo Emerson oder den Begründer der Tiefenpsychologie C. G. Jung ausgeübt. Die Dichterin Elizabeth Barrett-Browning meinte sogar, dass »alles, was es über das Jenseits zu wissen gibt, uns in Swedenborgs Werk überliefert ist«. Und sogar der große deutsche Philosoph Immanuel Kant war von Swedenborgs Schrift so beeindruckt, dass er ihm ein ganzes Buch widmete: *Träume eines Geistersehers, erläutert durch Träume der Metaphysik*. Doch werfen wir zunächst einmal einen Blick auf die Lebensdaten des Visionärs.

Emanuel Swedenborg (1688–1772) war eine der ungewöhnlichsten Persönlichkeiten, die sein Land und das 17./18. Jahrhundert in Europa je gesehen hat. Er wurde in Stockholm als drittes von neun Kindern eines protestantischen Bischofs geboren. In Uppsala studierte er Literatur, Sprachen, Musik und Philosophie. Später wandte er sich jedoch der Naturwissenschaft zu und verbrachte viele Jahre in England, wo sich die moderne Naturwissenschaft schneller entwickelte als in Schweden. So studierte Swedenborg bei Isaac Newton, Edmund Halley und den größten Geistern seiner Zeit. In Leyden, Amsterdam und Paris führte er sodann seine Studien fort. Nachdem er in seine Heimat zurückgekehrt war, realisierte er für König Karl III. von Schweden, der ihn sehr schätzte, eine Menge wissenschaftlicher Projekte: Er entwarf sogar ein Flugzeug, das 1897 in Amerika als Prototyp gebaut wurde und sich wirklich in die Luft erheben konnte. Und er schrieb eine Unmenge von Büchern über sämtliche Wissensgebiete seiner Zeit: Mathematik, Physik, Mineralogie, Chemie, Astronomie, Anatomie und Psychologie.

Mit 56 Jahren, als er sich im Ausland eines ebenso guten Rufes erfreute wie in seiner Heimat, wandte er sich – wie immer seiner Zeit voraus – der menschlichen Psyche zu, deren Ausdruck in Träumen er studieren wollte. Zu diesem Zweck zeichnete er seine Träume auf. Doch aus den Träumen wurden bald schon Visionen, die ihm seine neue Mission unmissverständlich klar machten: den geheimen Sinn der Heiligen Schrift zu enthüllen und den Menschen die Wahrheit über die geistige Welt, den Himmel, die Hölle und ihre Bewohner mitzuteilen. Schritt für Schritt entwickelte Swedenborg die Fähigkeit, sich mit Toten zu unterhalten und mit seinem Geist die jenseitigen Reiche zu besuchen. Aus seiner Versenkung erwacht, brachte er alles, was er gesehen hatte, wie beim automatischen Schreiben getreulich zu Papier.

Natürlich können wir bei solch schwer fassbaren Dingen, wie es Jenseitsvisionen sind, keine Beweise verlangen, zumindest keine, die auch wissenschaftlichen Ansprüchen standhalten würden. Dass Swedenborgs Visionen aber glaubwürdig sind, dürfen wir aus der Präzision schließen, mit der er historische Geschehnisse vorhersagen konnte, eine Gabe übrigens, auf die auch Kant in seinem Buch eingeht. Da ist zum Beispiel die genaue Beschreibung des Brandes in Stockholm im Jahr 1756. Swedenborg, der sich in Göteborg befand, wurde aus 400 Kilometer Entfernung »sehend« Zeuge dieses Unglücks und beschrieb es bis ins Detail. Auch gelang es ihm, mit Hilfe der Anweisungen eines Verstorbenen, eine Quittung zu finden, die für dessen Erben wichtig war. Viele andere Episoden derselben Art werden uns von Zeitgenossen bezeugt, sogar von Mitgliedern der schwedischen Königsfamilie, die den großen Gelehrten regelmäßig konsultierte. Die Genauigkeit von Swedenborgs »Alltagsvisionen« lässt vermuten, dass die nicht kontrollierbaren Bilder vom Jenseits, die sich in seinem berühmten Buch über Himmel und Hölle finden, ebenso exakt sind. Trotzdem sollte uns klar sein, dass wir dafür nie einen wirklichen Beweis finden werden. Gültiges Wissen erlangen wir auf diesem Gebiet nur, indem wir unermüdlich sammeln und vergleichen.

Emanuel Swedenborg spricht von einer »Geisterwelt«, die sich unmittelbar an den Tod anschließt. In diesem Zwischenreich herrschen Friede und Heiterkeit. Die Seelen werden dort voller Liebe empfangen. Nach dem Tod, so der schwedische Seher, geht der Mensch nicht sofort in die Hölle oder ins Paradies ein. Zuerst durchlaufe die Seele einen wichtigen Anpassungprozess. Eigens damit beauftragte Geister empfangen die Neuankömmlinge und kümmern sich liebevoll um sie, damit sie sich in der ungewohnten Umgebung einleben. Diese Aufgabe wird mit großem Feingefühl ausgeführt, sodass die Seelen jede erdenkliche Freiheit genießen.

Was Swedenborg uns über diese erste spirituelle Dimension berichtet, hat frappierende Ähnlichkeit mit den mittlerweile sehr bekannten Aussagen von Nahtoderfahrungen. Diese stammen von Menschen, welche die Schwelle des Todes bereits überschritten haben und von den Ärzten wieder belebt wurden. Seit etwa 20 Jahren werden sie von einigen Wissenschaftlern systematisch gesammelt und veröffentlicht. In diesen Erzählungen lesen wir von einer Welt vollkommener Schönheit, in die die Seele nach dem Tod eintaucht. Frieden erfüllt sie, und sie wird keineswegs von anderen gewogen. Die Seele selbst ist es, die ihre Erfahrungen einschätzt.

Diese Ähnlichkeiten in der Beschreibung der Ereignisse nach dem Tod sind wohl kaum dem Zufall zu verdanken. Sie sind daher ein wichtiges Kriterium, wenn es um den Wahrheitsgehalt der Visionen Swedenborgs geht.

Scheinbar wird dem Menschen in der Nahtoderfahrung nur ein kurzer Einblick in die jenseitige Welt gewährt, denn mit der Erfahrung des Friedens brechen sie meist ab. Swedenborg aber geht darüber hinaus. Die Geisterwelt, so der Visionär, ist eine Welt vollkommener Freiheit, in der die Seele all ihren Neigungen folgen kann. Sobald sie die erste Verwirrung überwunden hat, erlangt sie vollkommene Selbstgewissheit und kann daher den »Ratschlägen« des Himmels ebenso folgen wie denen der Hölle. Sie kann sich der himmlischen Gemeinschaft ebenso anschließen wie der infernalischen. Gott lässt uns also im Jenseits dieselbe Freiheit wie auf der Erde: Wir können wählen, ob wir das Gute wollen oder das Böse. Sonst nämlich wäre der Mensch nichts weiter als ein Automat, eine Maschine, die niemals zum gleichwertigen Partner des Höchsten werden könnte. Die letztendliche Wahl wird somit in vollkommener Freiheit vollzogen. Wer das Gute wählt, wird zum Engel. Wer sich für das Böse entscheidet, zum Teufel. So sind wir und wir allein sowohl Engel als auch Dämonen.

»Die Erde ist die Schule des Himmels«, schreibt der Seher. Und natürlich auch die der Hölle. Himmel und Hölle, Gut und Böse stehen in ständigem Gleichgewicht, das der Herr aufrechterhält:

Die Beziehung zwischen Himmel und Hölle bzw. zwischen Hölle und Himmel müssen wir uns vorstellen wie die zweier Gegensätze, die sich wechselseitig bekriegen. Doch Aktion und Reaktion bringen ein vollkommenes Gleichgewicht hervor, in dem alle Dinge existieren. Wer das eine beherrscht, beherrscht damit auch das andere, damit die Welt im Allgemeinen und im Besonderen im Gleichgewicht bleibt. Wenn der Herr selbst die Höllenattacken nicht abwehrte und ihren Wahnsinn nicht eindämmte, ginge dieses Gleichgewicht verloren und die Welt müsste untergehen. (Abschn. 536)

Und im folgenden Absatz meint Swedenborg:

... dieses geistige Gleichgewicht bewirkt, dass der Mensch vollkommene Freiheit des Denkens und Wollens besitzt; in Wirklichkeit hat ja alles, was der Mensch tut, entweder mit dem Bösen, also dem Falschen, oder mit dem Guten, also dem Wahren zu tun. Ist der Mensch also im Gleichgewicht, kann er zwischen dem Bösen wählen, das aus der Hölle kommt, und dem Guten, das vom Himmel herab wirkt. Und der Herr hält jeden Menschen in diesem Gleichgewicht, weil der Herr sowohl im Himmel als auch in der Hölle herrscht.

Mit dieser Vorstellung aber sind wir gar nicht so weit entfernt von der taoistischen Tradition des Yin und Yang oder – um unsere Bildersprache zu gebrauchen – den zwei Seiten der Medaille.

Dann wendet sich Swedenborg dem Teufel und seinem Sturz aus dem Himmel zu, auch dies mit der gewohnten Originalität:

Bisher glaubte die Welt, dass ein Teufel die Hölle beherrsche, der einst ein Engel des Lichts war. Doch weil er sich gegen Gott erhoben habe, sei er mitsamt seinen Anhängern in die Hölle verbannt worden. Diese Vorstellung rührt aus der Heiligen Schrift, die vom Satan, vom Teufel und von Luzifer spricht. Doch an dieser Stelle wurde die Bibel zu wörtlich ausgelegt. Satan und der Teufel bedeuten nichts anderes als die Hölle. Der Teufel steht für die tiefste Hölle, Satan für jenen Teil der Hölle, in dem die weniger Bösen wohnen. Luzifer meint Babylon und all jene, die sein Reich bis an die Grenzen der Welt ausdehnen wollen. Dass aber der Teufel nicht über die Hölle herrscht, ist offenkundig, denn alle Höllenwesen sind menschlichen Ursprungs. In den Höllenwelten leben zahllose Wesen, die seit Beginn der Schöpfung bis heute dort sind. Und jeder

von ihnen ist ein Teufel in dem Maße, in dem er sich dem Göttlichen wi-
dersetzt. (Abschn. 544)

Wenn wir also von der Wortwahl einmal absehen, die sowohl von der Zeit
als auch von der Visionsliteratur im Allgemeinen beeinflusst ist, dann
bleibt als entscheidende Information, dass der Mensch frei zwischen Gut
und Böse wählt. So sind Himmel und Hölle also nichts anderes als der
Zustand des Menschen, nachdem er seine Wahl getroffen hat. Welten, die
sich gegenseitig die Waage halten und vom Herrn selbst regiert werden.
Das Jenseits Swedenborgs ist also ein dynamisches, vielleicht das dyna-
mischste, das je beschrieben wurde. Der schwedische Seher unterstreicht
immer wieder, dass das Böse nötig ist, damit der Mensch das Gute wählen
kann. Nur so kann das Gleichgewicht bestehen bleiben.

Alles Gute kommt vom Himmel, alles Falsche aus der Hölle. Der Herr
versucht ständig, den Menschen vor dem Bösen zu bewahren und ihn
zum Guten zu geleiten. Genauso unermüdlich aber versuchen die Höl-
lenkräfte, der Seele das Böse nahe zu bringen. Stünde der Mensch nicht
zwischen diesen beiden Polen, besäße er weder die Freiheit des Den-
kens noch die des Wollens. Dann aber hätte er auch keine Wahl. Aus
dem Gleichgewicht zwischen Gut und Böse fließt dem Menschen alles
zu. (Abschn. 546)

Dann erklärt Swedenborg, wie der Herr den Menschen den Weg zum Guten offen lässt und der Mensch seine Freiheit wählt: Der Mensch selbst ist
es, der sich der Hölle zuwendet. Er wird nicht vom Herrn dazu verdammt. Ganz im Gegenteil versucht der Herr, die Seelen an sich zu ziehen, wo sie nicht am Bösen hängen.

Wenn der Mensch stirbt, bleibt alle Liebe und all sein Wille ihm erhal-
ten. Wer das Böse in der Welt liebte, der will es auch nach seinem Tode
nicht missen. Also wendet sich der Mensch, nachdem er gestorben ist,
der Hölle zu. Er wird nicht vom Herrn dorthin verbannt. (Abschn.
547)

»Technisch« gesehen funktioniert das so:

Wenn der Mensch ins andere Leben übergeht, so trifft er dort auf Engel,
die ihm jeden erdenklichen Dienst erweisen, zu ihm vom Herrn spre-

chen, vom Himmel, vom Leben der Seligen. *Sie lehren ihn das Gute und Wahre. Hat der Mensch zu seinen Lebzeiten von diesen Dingen bereits gehört, lehnt sie aber im Innersten seines Herzens ab, dann wünscht er schon nach wenigen Begegnungen, dass die Engel ihn in Ruhe lassen mögen und versucht, ihnen aus dem Weg zu gehen. Sobald die Engel dies bemerken, verlassen sie ihn. Er aber tut sich mit jenen zusammen, die ähnlich empfinden wie er. Auf diese Weise wendet er sich vom Herrn ab und der Hölle zu, der er schon im Leben verpflichtet war. Dort aber finden sich alle, die das Böse genauso lieben wie er.*

Der Herr aber versucht alle Wesen an sich zu ziehen mit den Kräften des Himmels und der Engel. Doch die Geister, die das Böse lieben, widerstehen ihm mit aller Macht. Sie wenden sich von ihm ab und werden vom Übel, also von der Hölle, angezogen wie mit einem Seil. Sie entscheiden sich also freiwillig für das Böse.

Die Welt mag nicht glauben, dass es sich mit der Hölle so verhält. Tatsächlich aber wählen wir selbst die Verdammnis, sowohl im Leben als auch im Tod. (Abschn. 548)

Auf poetische Weise erklärt Swedenborg sodann, wie das Böse arbeitet:

Das Böse und Falsche sind wie Wolken, die sich zwischen die Sonne und das Auge des Menschen schieben. Sie verdecken das strahlende Licht. Genau dasselbe geschieht in der geistigen Welt: Wer dem Irrtum verfallen ist, ist in eine dichte, schwarze Wolke gehüllt, deren Größe von seiner Bösartigkeit abhängt. Diese Wolke verdeckt ihm die Sicht auf das Licht des Herrn, das immer auf dieselbe Weise leuchtet, jedoch nicht von jedem gleich empfangen werden kann. (Abschn. 549)

Die zahlreichen Bilder, die uns Swedenborg von Himmel und Hölle zeigt, sind Metaphern, mit deren Hilfe er uns vor Augen führt, dass der Mensch frei ist in seiner Wahl, und sein Schicksal daher ganz in seinen eigenen Händen liegt. Das Jenseits Swedenborgs lässt also alles offen. Es gibt keine Richter, die uns belohnen oder bestrafen. Der Mensch schmiedet sich sein Schicksal selbst. Das Böse aber hat in dieser Weltsicht eine ganz bestimmte Aufgabe: Es macht es uns überhaupt erst möglich, uns für das Gute zu entscheiden. Aus dem Spiel der gegensätzlichen Kräfte entsteht das Gleichgewicht. So liegt unser Los allein in unserer Hand. Und ähnelt Swedenborgs Bild von der »Wolke«, die das Licht der Sonne verdunkelt, nicht letztlich Steiners Vorstellung vom »Hindernis«?

13

Der Gott mit den zwei Gesichtern: Krishna, Jesaja und C. G. Jungs ›Antwort auf Hiob‹

Unsere Vorstellung von Gut und Böse ist geprägt von der Idee, dass es sich dabei um gegensätzliche Kräfte handelt, die in ständigem Widerstreit liegen. Wir nennen die positive Energie Gott, die negative Teufel, und sehen beides als unvereinbare Realitäten an, denen wir jeweils das Gute bzw. das Böse zuschreiben, was uns im Leben begegnet. Diese Sicht der Welt ist jedoch typisch westlich und auch vergleichsweise jung. Für den Osten stellen sich die Dinge anders dar. Im Osten betont man die wesenmäßige Einheit alles Existierenden. Dort ruht beides im Schoße des Göttlichen. In der Bhagavadgita, dem wichtigsten Text des Hinduismus, sagt Krishna von sich:

Ich bin der Vater dieser Welt,
ich bin ihre Mutter ...
Ich bin der Weg, die Stütze, der Herr, der Zeuge,
der Hort, das Heim, der Freund.
Ich bin Anfang und Ende dieser Welt, bin ihr Urgrund.
Ich bin der Same (der Wesen), der nicht untergehen kann,
und der Ort, an dem sie ruhen.
Ich wärme sie. Ich schicke Regen oder halte ihn zurück.
Ich bin die Unsterblichkeit und der Tod selbst.
Ich bin das Sein und das Nicht-Sein.

Eine ähnliche, auf Vereinigung der Gegensätze gerichtete Aussage findet sich auch in der Bibel. Ein selten zitierter Satz zeigt, dass auch die Hebräer ihren Gott als Wurzel alles Menschlichen sahen. Wie der indische Gott Krishna Schöpfung und Zerstörung gleichermaßen in sich trägt, so ist auch der Gott der Hebräer für den gesamten Zyklus des Universums verantwortlich. Hören wir also, was Gott in *Jesaja* 45, 6–7 verkündet:

Ich bin der Herr und keiner mehr,
der ich das Licht mache und schaffe die Finsternis,
der ich Frieden gebe und schaffe das Übel
Ich bin der Herr, der solches alles tut.

Bibelforscher unterstreichen, dass sich die Vorstellung von einem gütigen Gott, dem sich die Kräfte des Bösen widersetzen, erst im 2. Jahrhundert vor Christus langsam durchzusetzen begann. Im Alten Testament hat die Figur des Teufels noch keinerlei Bedeutung. Der strenge Monotheismus des jüdischen Glaubens ließ gar keinen Raum für eine derartig dualistische Konzeption von Gut und Böse. Jahwe ist der absolute Herr, eifersüchtig und despotisch. Der Schöpfer des Menschen und der Welt, der seinen Geschöpfen ständig schreckliche Strafen auferlegt. Hier sind Gott und Satan noch eins, wie der Abschnitt aus den Ausführungen des Propheten Jesaja klar belegt.

Die Trennung in einen gütigen Gott der Liebe und einen Satan, der für die Kräfte des Bösen verantwortlich ist, setzt erst mit dem christlichen Zeitalter ein. Nun erhält Satan ein Gesicht, wird mit Macht und Wunderkräften ausgestattet. Und der Rächergott Jahwe wird zum gütigen, großherzigen Gott, der mit dem Bösen natürlich nichts mehr gemein hat. Diese Idee verfestigt sich im Laufe der Jahrhunderte mehr und mehr. Damit einher geht die Ausgestaltung des Mythos vom gefallenen Engel, mit dem die dunkle Seite vom Lichtgott getrennt wird. Ein Vers aus dem Evangelium nach Lukas deutet auf dieses Ereignis hin. Dort spricht Jesus zu seinen Jüngern:

Ich sah wohl den Satanas vom Himmel fallen als ein Blitz.
(Lukas, 10, 18)

Damit ist die Trennung endgültig vollzogen. Der aus dem Himmel gefallene Luzifer wird künftig – mit Zustimmung Gottes – den Menschen auf die Probe stellen.

Das Problem von Gut und Böse ist jedoch nicht damit gelöst, dass diese dualistischen Pole als zwei Seiten ein und derselben Medaille betrachtet werden, auch wenn Luzifer somit nicht ewiger Widersacher, sondern Mitarbeiter Gottes und wesentliches Element im Schöpfungsplan ist. Immer wieder taucht daher in moderneren Texten das Bild vom zweigesichtigen Gott auf, von dem bereits Jesaja sprach. So stoßen wir bei Emanuel Swedenborg, dem schwedischen Seher, den wir ausführlich vorgestellt haben, immer wieder auf die Vorstellung vom notwendigen Gleichgewicht zwischen Himmel und Hölle:

Die Beziehung zwischen Himmel und Hölle bzw. zwischen Hölle und Himmel müssen wir uns vorstellen wie die zweier Gegensätze, die sich wechselseitig bekriegen. Doch Aktion und Reaktion bringen ein vollkommenes Gleichgewicht hervor, in dem alle Dinge existieren. (Abschn. 536)

Doch erst mit Carl Gustav Jung, dem Schweizer Arzt und Psychologen, beginnt wieder eine vertiefte Auseinandersetzung um Gott und Satan. Er selbst war Sohn eines protestantischen Pastors und ein ausgewiesener Kenner der Heiligen Schrift sowie der geistigen Traditionen des alten Indien. Und so stellte sich Jung die Frage, die Bibelgelehrte schon seit jeher beschäftigt: Wie kommt es, dass Gott Satan so viel Macht über Hiob gibt, der stellvertretend für jeden vom Unglück geschlagenen Menschen und damit für das Menschengeschlecht an sich steht? Die Ergebnisse seiner Suche stellte Jung in einem Buch mit dem Titel *Antwort auf Hiob* dar, das 1952 erschien. Seiner Ansicht nach kann Gott gar nicht anders handeln, denn der Teufel ist der Schatten, der Gott ständig begleitet: Damit aber findet der ewige Kampf zwischen Gut und Böse in Gott selbst statt.

Zuerst geht Jung auf die zwiegestaltige Natur Jahwes ein, des Gottes im Alten Testament. Er sei, so der Psychologe, ein Gott, der seine eigenen Emotionen nicht im Griff hat, was ihn bekümmert. So muss er vor sich selbst eingestehen, dass Wut und Eifersucht ihn zerfleischen. Allein dieses Wissen sei für ihn schon eine Qual gewesen. Sein Wesen sei Klugheit und Gedankenlosigkeit, Güte und Grausamkeit, Schöpferkraft und Vernichtungswille zugleich. Alle Qualitäten seien zur selben Zeit in ihm präsent, ohne dass eine je die andere aufhebe. Jahwe, so meint Jung, sei Verfolger und Getriebener, und jeder dieser beiden Aspekte sei vollkommen real. Jahwe sei keineswegs zweigeteilt gewesen, sondern die *Antinomie* an sich. Er trüge alle Widersprüche in sich, die seine gewaltige und grausame Dynamik erst ausmachten. Sie sei Grundlage seiner Allmacht und seiner Allwissenheit. Hiob aber war von Gott reich beschenkt worden. Er nannte eine zahlreiche und glückliche Familie, treue Diener, fruchtbare Felder und Herden sowie großen Reichtum sein Eigen. Er ist ein guter Mensch und dazu gottesfürchtig. Und doch wird er plötzlich dem grausamen Spiel Satans überlassen. Um seine Treue auf die Probe zu stellen, lässt

Gott zu, dass der Teufel ihm alles raubt, was er besitzt, dass Söhne und Diener getötet werden, er von einer schrecklichen Krankheit befallen wird und Frau und Freunde sich von ihm abwenden. Man müsse, so Jung, sich einmal klar machen, was dies bedeute. Hiob war innerhalb kürzester Zeit Opfer der grausamsten Verbrechen geworden: Raub, Mord, vorsätzliche Körperverletzung, unverschuldeter Verlust der Freiheit. Damit verletzt Jahwe mindestens drei der von ihm auf den Gesetzestafeln am Sinai gegebenen Gebote.

Hiob aber lehnt sich nicht auf gegen einen offenkundig so ungerechten Herrn. Ganz im Gegenteil: Er akzeptiert das Gute wie das Böse. Und damit, so Jung, erlangt sein Bewusstsein dieselbe Dimension wie das der numinosen Gottheit. Möglich sei dies nur deshalb, weil der Mensch nach Gottes Bild erschaffen ist. Hiob verliert das Vertrauen in die Einheit Gottes nicht, auch als er sieht, dass sie in sich widersprüchlich ist. Und so kann Hiob sicher sein, in diesem Gott auch einen Vertrauten und Verteidiger zu finden. Denn das Gute ist ihm ebenso gewiss wie das Böse. Anders gesagt: Hiob erkennt die dualistische Natur der Gottheit und fügt sich ihr. Er akzeptiert den Schmerz ebenso wie er vorher Gottes Gaben annahm. »Ich erkenne, dass du alles vermagst, und nichts, das du dir vorgenommen hast, ist dir zu schwer«, antwortet er dem Herrn. Nachdem er also aller Güter und menschlicher Beziehungen beraubt wurde und dies alles ohne Klage ertrug, wird Hiob getröstet: Er findet Gesundheit und Reichtum wieder. Es werden ihm erneut Kinder geboren, und er führt ein erfülltes Leben bis ins hohe Alter. Der Herr gibt, der Herr nimmt. Der Name des Herrn sei gelobt.

Nach der Tragödie Hiobs, so fährt Jung fort, scheint es, als würden sich ähnliche Dramen nicht mehr ereignen. Gott identifiziert sich offensichtlich mit seinem lichthaften Aspekt, zeigt sich gnädig und gütig, hat Mitleid mit den Sündern und sendet sogar seinen Sohn, um sie zu erlösen. So wird er zur Liebe selbst. Und doch ist der zweigesichtige Gott keineswegs tot. Denn obwohl Christus, Jung zufolge, seinem Vater vertraut, weil er sich mit ihm eins weiß, versäumt er es nicht, im Gebet, das er uns allen hinterlässt, im Vaterunser, eine Zeile einzufügen, die den alten zweigestaltigen Gott beschwört: »Und führe uns nicht in Versuchung, sondern befreie uns von dem Bösen«, heißt es da. Beides steht also in seiner Macht. Und die Gefahr, dass Jahwe, obwohl er sich dafür entschieden hat, das *Summum Bonum*, das höchste Gute, zu sein, in seine alten Gewohnheiten zurückfällt, ist keineswegs gebannt. Christus hält es also offensichtlich für nötig, seinen Vater im Gebet an seine Wurzeln als rächender Gott zu erinnern, die den Menschen so gefährlich werden konnten, schließt Jung.

Tatsächlich gibt es auch auf kirchlicher Seite immer wieder Versuche (zuletzt 1996), diese beunruhigenden Zeilen anders zu formulieren. Jung aber zieht aus der Hiobsgeschichte folgenden Schluss: Gott müsse nicht nur geliebt, sondern auch gefürchtet werden, da von ihm das Gute wie das Böse gleichermaßen ausgingen. Und er fügt hinzu: »Heute, wo Er uns Atombomben und chemische Waffen in die Hand gibt, die uns quasi göttliche Macht über andere Menschen verleihen, muss der Mensch sich mehr denn je der zweischneidigen Natur Gottes bewusst sein, um sich selbst zu erkennen und so zu Gott zu gelangen.« Zu seinem Lichtaspekt, um genauer zu sein.

Auch finden sich in der Heiligen Schrift noch andere Stellen, an denen sich die zwiespältige Natur Gottes enthüllt: in der Geschichte von Adam und Eva zum Beispiel, deren Rolle so klar nicht ist und die vom ersten Augenblick der Schöpfung an der Versuchung ausgesetzt sind; oder in der von Kain und Abel, der eine gut und gottesfürchtig, der andere böse und ein Mörder; oder der von der Auslöschung des Menschengeschlechts durch die Sintflut und der Rettung des gläubigen Noah und der Tiere auf der Arche. Und es gäbe noch weitere Textstellen anzuführen.

So hat der Mensch, der als Gottes Ebenbild geschaffen wurde, diese Zwiespältigkeit geerbt. Seine Geschichte besteht aus Kampf und Streit, aus Mord und Totschlag, doch ebenso aus erhabenen Momenten der Güte und der Hingabe. Und so ist der Mensch, der sowohl das Gute als auch das Böse kennt, der als einziges Wesen zwischen diesen beiden Kräften wählen kann, die sich in seiner Brust erheben, aufgerufen, die Gegensätze zu vereinen und selbst zum Mitschaffenden Gottes zu werden – zum ewigen Ruhme Seines und unseres Lichts.

Abbildung 29
Hieronymus Bosch: *Die sieben Todsünden – Der Tod.*
Ende des 15. Jahrhunderts, Detail.

Abbildung 30
William Blake (1755–1827): *Luzifer – der Lichtträger*. Detail.

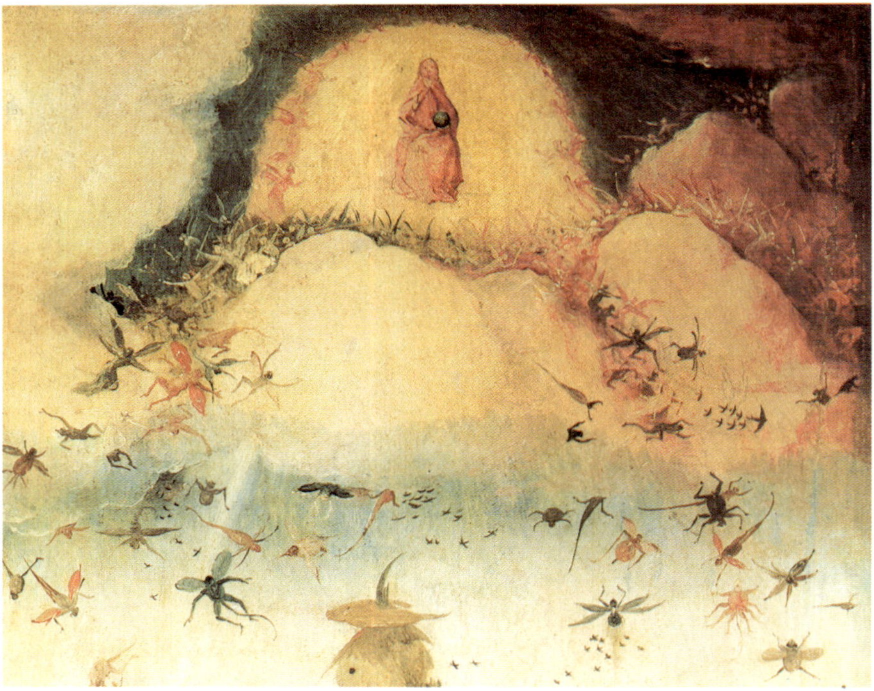

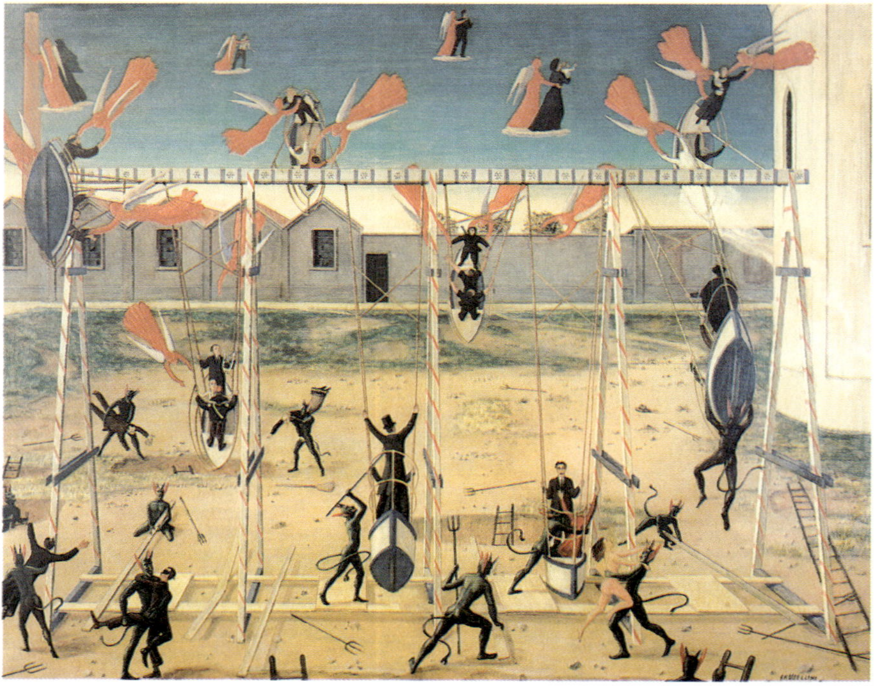

Abbildung 33
Raffaello Sanzio: *Michael und Luzifer*. 1505. Hier ist Luzifer noch
ein mittelalterlicher Drache.

Abbildung 31 oben links
Hieronymus Bosch: *Heuwagen-Triptychon – Der Fall
der aufständischen Engel*. Ende des 15. Jahrhunderts.

Abbildung 32 unten links
Gianfillippo Usellini: *Die Schaukel*. 1940.

Abbildung 34
Lorenzo Lotto:
Michael und Luzifer.
Palazzo Apostolico in
Loreto, 1552.

Abbildung 35
Guido Reni: *Der Erzengel
Michael*. Chiesa dei Cappuccini,
Rom, um 1630.

Abbildung 36
Raffaello Sanzio: *Michael und Luzifer*. 1518. Hier ist Luzifer zum
geflügelten Engel geworden.

Abbildung 37
Unbekannter Meister:
Michael und die Sirene.
Pfarrkirche von Castellabate,
vermutlich 16. Jahrhundert.

Abbildung 38
Unbekannter Meister: *Mephisto*. Illustration zu Goethes *Faust*,
deutscher Druck aus dem 19. Jahrhundert.

Abbildung 39
C. G. Jung: *Der Schatten*. Aus seinem »Roten Buch«.

Abbildung 40
Gianfillippo Usellini: *Die große Schlacht*. 1950.

14

Der Teufel und das Problem des Bösen – Reprise

Der gefallene Engel, den wir heute Teufel nennen, ist ein ungeheuer vielschichtiges Wesen, in dem eine Vielzahl von Traditionen zusammenfließen. Ganz sicher ist er nicht annähernd so homogen wie seine Kollegen, die dem Schöpfer treu geblieben und daher nicht gestürzt sind.

Wir haben Luzifer mit dem Erzengel Michael kämpfen sehen und wurden Zeuge, wie er Adam und Eva, Jesus und die Heiligen in Versuchung führte. Luzifer ist der Widersacher Gottes und gleichzeitig sein treuester Verbündeter. Wenn wir es recht bedenken, dann leistet der Teufel in der Hölle eine Arbeit, mit der ihn letztlich nur Gott betraut haben kann: Er quält die Verdammten. So schreibt der amerikanische Schriftsteller J. B. Russell in seinem Buch *Der Fürst der Finsternis*: »Sowohl im Osten wie auch im Westen führten Dämonen die göttliche Rache aus und marterten die verlorenen Seelen in der Hölle. Ob sie dabei ›Angestellte‹ oder ›Hausherren‹ sind … ist nicht immer klar.«

Manchmal betrügt Luzifer den Menschen, mitunter wird er von diesem aber auch meisterlich hinters Licht geführt. Er tritt als eleganter Herr ebenso auf wie als abstoßendes Ungeheuer. Wenn es seinen Zwecken dient, verwandelt er sich gar in eine schöne Frau. Die einen betrachten ihn als »Feind« schlechthin, die anderen als neuen Prometheus. Und der Mensch bediente und bedient sich seiner, um seine Missetaten zu rechtfertigen, die Verantwortung abzuschieben und ihm die Schuld zu geben für alles, was ihm missfällt. Vor allem dann, wenn er sich an seinem Nächsten vergeht.

Nicht selten ist der Teufel auch einfach das *Andere*, der Widersacher. »Wir brauchen keinen Rost und kein Höllenfeuer, die Hölle, das sind die anderen«, schreibt Jean-Paul Sartre in seinem Stück *Huis clos*. Nicht anders hält es die Kirche. Der Papst zum Beispiel betrachtete Luther als verlängerten Arm des Teufels. Und Luther dachte wohl dasselbe von ihm. Diese Liste könnten wir beliebig verlängern. Viele »Kreuzzüge« wurden mit dem Kampf gegen den Teufel gerechtfertigt: die Hexenjagd, die Jagd auf Ketzer wie Origenes, der zu behaupten gewagt hatte, auch der Teufel könne gerettet werden, der Scheiterhaufen für Giordano Bruno und Jeanne d'Arc. »Der Teufel«, schreibt der Anthropologe Alfonso di Nola im Vorwort zu seiner *Inchiesta sul diavolo* (Studie über den Teufel), »das sind die Hexer und der Magier, der Mensch, der Unglück bringt, und der Sturm, die Maul- und Klauenseuche, die Pest und all jene Vorfälle, welche die menschliche Ordnung stören. Als die Mongolenhorden an der Adria ankamen (und sie ebenso schnell wieder verließen, weil sie einen neuen Khan zu wählen hatten), schreiben die Chronisten, der Teufel selbst habe an die Pforten des Abendlandes geklopft. Als Lepra, Pest und Zoster sich in Europa ausbreiten und Zehntausende Opfer fordern, spricht man von der Dämonengeißel. Juden, Nomaden und Zigeuner werden als Beelzebubs Söhne betrachtet, weil sie sich den Sitten der Städte, in denen sie leben oder ihr Lager aufschlagen, nicht anpassen. Der Volksglaube und die Kirche machten Bixio, Mazzini und Garibaldi, die für die italienische Republik kämpften, zu Dämonen, weil sie die Fundamente der Gesellschaft erschütterten und damit das uralte Gleichgewicht.«

In unseren Tagen hat man Hitler, Stalin und Charles Manson als Teufel bezeichnet, drei Personen, deren Verbrechen nicht unterschiedlicher sein könnten. Dies umso leichter, als es – wie ich in den vorangegangenen Kapiteln ausführlich belegt habe – keine eindeutige Ikonografie gibt, sodass jede Form von Andersartigkeit mit dem Stigma des Teufels gebrandmarkt werden kann – während derjenige, der so urteilt, selbstverständlich immer auf Seiten Gottes zu finden ist.

Der englische Romancier Joseph Conrad unterstrich, dass die Quelle des Bösen keineswegs außerhalb der menschlichen Seele zu suchen ist: »Der Mensch aus sich heraus ist zu jeder erdenklichen Gemeinheit fähig.« Und Karl Kaus, der berühmte österreichische Schriftsteller, der die Schrecken des Ersten Weltkriegs miterlebte, meint sogar: »Der Teufel ist ein Optimist, wenn er glaubt, die Menschen noch schlechter machen zu können.« Alfonso di Nola schreibt im Vorwort zu seinem oben zitierten Werk, dass der Teufel seiner Meinung nach »die Projektion unseres schlechten Gewissens ins Mythische ist«. Und im Hinblick auf all diejenigen, die den Nervenkitzel von Schwarzen Messen, Teufelsbefragungen und Hexenträumen suchen, dass man »einen Teufel, der so bereitwillig unsere Wünsche erfüllt, erfinden müsste, wenn er nicht schon überall präsent wäre«.

Natürlich ist der Teufel auch eine bequeme Möglichkeit, sich das Böse zu erklären. Geschickt verbirgt er auch die Unfähigkeit der etablierten Religionen, dem Wirken des Übels auf Erden einen Sinn zu verleihen.

Denn natürlich ist das Böse ein großes, unauslotbares Geheimnis. Auch ich glaube keineswegs, das Rätsel gelöst zu haben, nachdem Philosophen, Denker und Mystiker aller Zeiten und Kulturen keine Antwort gefunden haben, welche den leidenden Menschen wirklich befriedigt. Und früher oder später schließen wir alle Bekanntschaft mit dem Leid.

Ein paar Anmerkungen zu dem Thema seien mir allerdings gestattet: Der Großteil des Unglücks, das uns widerfährt, wird uns von unseren Nächsten auferlegt. Denn der Mensch kann ebenso gemein und niedrig sein, wie er sich gut und großzügig zeigen kann. Doch die Geschichte zeigt uns, dass Grausamkeit häufig die Güte überwiegt. Tagtäglich hören wir von Verbrechen und Gräueltaten, seien sie nun von Einzelpersonen oder im Kollektiv verübt worden. Doch jede geistige Verwirrung trägt auch den Weg ihrer Bewusstwerdung in sich. Der Mensch kann die schlimmsten Schandtaten begehen, doch er kann diesen Zustand auch überwinden, bereuen und von seinem früheren Tun Abstand nehmen, wenn seine Bewusstheit wächst.

Brutalität und Grausamkeit scheint heute etwas zu sein, was sich nur noch in der Dritten Welt abspielt. Allzu schnell geht uns der Spruch von den Lippen: »Hier geht's ja zu wie in Timbuktu!« Meist vergessen wir dann, dass das Leben vor einigen Jahrhunderten oder gar Jahrzehnten bei uns nicht sehr viel anders war. Die Sklaverei zum Beispiel, die bis Ende des 19. Jahrhunderts eine durchaus (auch kirchlich) anerkannte Institution war, wird heute einhellig verurteilt. (Der amerikanische Sezessionskrieg, mit dem die Sklaverei in Nordamerika ein für alle Mal abgeschafft wurde, liegt gar nicht so lange zurück.) Und doch war der Sklavenhandel schon in der Antike verbreitet, fand seinen Höhepunkt im Westen gegen Ende des 18. Jahrhunderts und wurde erst endgültig abgeschafft mit der Genfer Konvention von 1926.

Und Religionskriege, über die man heute im Westen nur noch lächelt, haben unsere Wirklichkeit entscheidend geprägt. Tatsächlich sah man in ihnen lange Zeit das Heldentum schlechthin. Heute würde es kein Kirchengericht wagen, einen Menschen auf den Scheiterhaufen zu schicken, egal wie schwer die Schuld auch wiegen mag, die er auf sich geladen hat. Und doch geschah gerade dies über Jahrhunderte hinweg immer und immer wieder – in der Überzeugung, das Rechte zu tun und die Gesellschaft vor Unheil zu bewahren. Gerade das Thema der Hexenverbrennungen ist besonders brisant, denn letztlich stellt sich doch die Frage, wer hier vom Dämon besessen war. Und die letzte Hexe in Europa wurde in Deutschland verbrannt – Ende des 17. Jahrhunderts.

Papst Johannes Paul II. hat vor kurzem öffentlich Abbitte geleistet für die von der Kirche und seinen Vorgängern begangenen Sünden. Auch sie, so das Kirchenoberhaupt, seien Menschen gewesen und als solche gefangen im Weltbild ihrer Zeit. Näheres darüber erfahren Sie in der Enzyklika *Et unum sint*, die am 30. Mai 1995 herausgegeben wurde, sowie in der 1997 vom Papst an die protestantische Kirche Prags gerichtete Aufforderung zum gemeinsamen Dialog.

Politisch gesehen ist es heute undenkbar, einfach das Nachbarland zu überfallen, um mehr »Lebensraum« zu gewinnen und es zum eigenen Besten mit Gewalt zu überziehen und auszuplündern. Früher jedoch sah man solch ein Verhalten keineswegs als »böse« an. Es war nur einfach ein Mittel einer als legitim erachteten Expansionspolitik. Als Saddam Hussein in Kuwait einmarschierte, hat sich die ganze Welt gegen ihn erhoben. Dasselbe geschah bei den mörderischen Bürgerkriegen im ehemaligen Jugoslawien und in Albanien.

Nazitum und Stalinismus mit ihren unbeschreiblichen Gräueln werden heute allgemein geächtet. Und wir können annehmen, dass die Zeitgenossen von damals diese Taten heute ebenfalls bedauern. Dasselbe gilt für eine andere offene Manifestation von Grausamkeit, den Terrorismus. Den Tätern und Protagonisten mag ihr Tun heute als richtig erscheinen, als »schreckliche, aber gerechtfertigte Arznei«. Doch ich glaube, dass diese Vorstellung die Zeit nicht überdauern wird. Früher oder später dämmert auch im Geist der härtesten und unversöhnlichsten Kämpfer die Erkenntnis auf, dass es angemessenere Mittel gibt, um die eigenen Ideen durchzusetzen.

Der russische Schriftsteller Solschenizyn schreibt in seinem berühmt gewordenen Buch *Archipel Gulag*, dass die Gewalt immer durch eine Ideologie legitimiert wird. Erst dadurch erscheint uns das, was wir sonst verurteilen, plötzlich als normal. Bedauerlicherweise ist das wahr. Und doch litt einer der amerikanischen Piloten, die die Atombombe über Hiroshima abwarfen und dabei doch nur ausführende Organe waren, danach solche Gewissensnöte, dass er in ein Kloster ging.

Letztlich geht es also darum, unsere Perspektive zu verändern. Es geht darum, sich Stück für Stück eine andere Weltanschauung zu erarbeiten, in der die Menschenrechte wirklich unantastbar sind, nicht weil uns dies jemand befiehlt, sondern weil wir alle Kinder desselben Vaters sind und daher alle Respekt verdienen. Es geht um Wachstum im menschlichen Leben, um Weiterentwicklung, um ein höheres Bewusstsein. Und um uns. Nur um uns. Wir können die Verantwor-

148

tung für unser Handeln niemandem mehr aufbürden, auch nicht dem Teufel!

Und was das Leid betrifft, das wir uns durch Neid, Eifersucht, Geiz, Lieblosigkeit, Egoismus und Gier selbst auferlegen, so liegt auch hier die Lösung im seelischen Wachstum. Wir müssen uns einer höheren Ebene des Denkens und Fühlens öffnen. Auf diesem Weg sind uns viele vorausgegangen, die uns heute als Lehrmeister dienen können. Nehmen wir die Lehren Jesu oder die der anderen Religionsstifter ernst! Richten wir uns nach den Heiligen, Mystikern, Erleuchteten, den »Eingeweihten« unserer Zeit. Wir müssen uns nur umsehen, dann finden wir genügend Vorbilder, denen nachzueifern sich lohnt.

Und dann ist noch das Leid, das uns aus Krankheiten, Naturkatastrophen und dem Tod erwächst: Leid, das scheinbar von außerhalb kommt, von etwas, das wir nicht in der Hand haben und das unsere Kräfte übersteigt. All das ist Teil des Lebens und seines unerforschlichen Geheimnisses. Es gehört unauflöslich zu unserem weltlichen Sein. Es bereitet uns Leid und kostet Ströme von Tränen, doch letztlich ist dieses Geschehen auch der innere Antrieb des Lebenszyklus schlechthin. Alle Religionen der Welt sehen den Schmerz als etwas, das uns spirituell weiterbringt, wenn wir ihm gefasst entgegentreten können. In dieser Weltsicht ist der Tod kein Übel, sondern das notwendige Gegenstück zum Leben und gleichzeitig Aufbruch auf eine freudvollere Ebene des Seins. Dies gilt sowohl für den Tod, den wir akzeptieren können, was meist geschieht, wenn ältere Menschen nach einem erfüllten Leben sterben. Aber auch für jene Art von Tod, die uns inakzeptabel scheint, von Kindern oder jungen Menschen zum Beispiel, die »vor ihrer Zeit« sterben. Gerade in solchen Fällen spielt oft menschliche Schwäche (Autounfälle, Drogenabhängigkeit) eine entscheidende Rolle.

Für solche Ereignisse bieten die östlichen Religionen mit ihrer Vorstellung vom Karma (das sowohl der Sterbende als auch der trauernde Hinterbliebene hat) vielleicht eine leichter akzeptable Erklärung. Das »Rad der Existenzen«, an das der Orient glaubt, nimmt dem einzelnen Leben ein wenig von seiner Bedeutung, weil es dieses in den Zusammenhang einer Seelengeschichte stellt, die über das Einzelleben hinausreicht. Der Mensch lernt nicht alles, was ihm aufgetragen ist, in einer Existenz. Gewöhnlich muss er sich in zahlreichen Leben allerhand Prüfungen aussetzen, um sich entwickeln zu können und sein Dharma, sein Schicksal, zu erfüllen.

Angesichts all des hier präsentierten Materials bin ich skeptisch, wenn man mir sagt, das Böse sei eine unabhängige, absolute Macht, die in Gestalt von Teufeln und Dämonen auftritt, deren einziges Ziel es ist, uns ins Verderben zu führen, in die Verdammnis der Höllenwelt. Natürlich ist dies meine persönliche Meinung, die ich niemandem aufdrängen will. Meine Gründe jedoch habe ich versucht, hier darzulegen.

Und doch könnte es der Mühe wert sein, folgende These einmal versuchsweise zu akzeptieren, nur um zu sehen, was am Ende dabei herauskommt: Wir kommen auf diese Erde, um die verschiedensten »Feuerproben« zu bestehen. Wir sind der Versuchung ausgesetzt, dem Egoismus, dem Streit, dem Schmerz und dem Tod. Doch alles, was uns innerlich als »Leid« erscheint, könnte ja auch ein »Hindernis« sein, wie Steiner es definiert. Etwas also, dem wir uns stellen müssen, dessen wahre Natur wir uns erarbeiten können und das wir überwinden sollen, wenn wir auf unserem Weg weiter voranschreiten wollen. Ein Hindernis also, das in sich als dynamisches Potenzial die Möglichkeit zu innerem Wachstum trägt: eben Luzifer.

Es liegt einzig an uns, dies zu verstehen und Wirklichkeit werden zu lassen.

Literaturhinweise

Apuleius: *Der Schutzgeist des Sokrates*. Frankfurt a. M. 1992
Aurobindo, Sri: *Lo Yoga della Bhagavad Gita*. Rom 1977
Blake, William: *Werke*. Berlin 1958
Baudelaire, Charles: *Prosadichtungen*. Zürich 1932
Carducci, Giosuè: *Poesie scelte*. Mailand 1974
Canducci, Monica: *Gli Arcani della Soglia*, Genua 1995
Cazotte, Jacques: *Il diavolo innamorato*. Mailand 1995
Cellini, Benvenuto: *Leben des Benvenuto Cellini*. Übersetzt von J. W. Goethe Frankfurt a. M. 1981
Chamisso, Adelbert von: *Peter Schlemihls wundersame Geschichte*. Frankfurt a. M. 1980
Cocchiara, Giuseppe: *Il diavolo nella tradizione popolare italiana*. Palermo 1945
Dante, Alighieri: *Die Göttliche Komödie*. Übertr. von Karl Witte, Leipzig 1990
Da Riese, Fernando: *Padre Pio da Pietralcina*. San Giovanni Rotondo 1984
Dionysius Areopagita: *Die Hierarchien der Engel und der Kirche*. München 1955
Dostojewski, Fjodor: *Die Brüder Karamasow*. Übertr. von E. Rahsin, Zürich 1906
Eggenstein, Kurt: *Der Prophet Jakob Lorber verkündet bevorstehende Katastrophen und das wahre Christentum*. Bietigheim 1979
Flaubert, Gustave: *Die Versuchung des heiligen Antonius*. Frankfurt a. M. 1996
Freud, Sigmund: *Eine Teufelsneurose im 17. Jahrhundert*. In: ders., *Gesammelte Werke*, Bd. 13, Frankfurt a. M. 1940
Giacomo, Vittorio de: *Leggende sul diavolo*. Bologna 1957
Giovetti, Paola: *Alla ricerca del paradiso*. Rom 1995
Giovetti, Paola: *Engel*. München 2000
Giovetti, Paola: *Rudolf Steiner*. Rom 1990
Godwin, Malcolm: *Engel*, München 1995
Goethe, J. W. von: *Faust I und II*. Leipzig 1989
Graf, Arturo: *Il diavolo*. Mailand 1890
Grazzini, Giuseppe: *In montagna col diavolo*. In: *Bell'Italia* vom Juli 1990. Mailand
Herder, J. G.: *Älteste Urkunde des Menschengeschlechts*. In: *Sämtliche Werke* VII. Hildesheim 1967
Hugo, Victor: *La fin de Satan*. Paris 1902
Iersel, Bastianseu, Quinlan und Schoonenberg: *Angeli e diavoli*. Brescia 1972
Jaffé, Aniela: *C. G. Jung in Bild und Wort*: Olten 1977
Jung, C. G.: *Antwort auf Hiob*. München 1991
Kant, Immanuel: *Träume eines Geistersehers erläutert durch Träume der Metaphysik*. Stuttgart 1994
Keller, Carl S.: *New Age – Lo »spirito« della Nuova Era*. Rom 1996

Laurentin, René: *Il demonio, mito o realtà?* Mailand 1995

Leopardi, Giacomo: *Tutte le opere.* Florenz 1988

Link, Luther: *Der Teufel – Eine Maske ohne Gesicht.* München 1997

Machiavelli, Niccolò: *Tutte le opere.* Mailand 1950

Mann, Thomas: *Doktor Faustus.* Frankfurt a. M. 1999

Marconcini, Amato/Rocchetta, Fiori: *Angeli e demoni.* Bologna 1992

Milton, John: *Das Verlorene Paradies.* Stuttgart 1986

Nola, Alfonso di: *Inchiesta sul diavolo.* Bari 1979

Papini, Giovanni: *Der Teufel.* Stuttgart 1955

Plancy, Collin de: *Die Kinder Luzifers.* Berlin 2002

Rushdie, Salman: *Die satanischen Verse.* München 1997

Schiller, Friedrich: *Die Räuber.* Frankfurt a. M. 1978

Scilligo, Pio: *Molteplicità di sé e possessioni.* In: *La sfida di Beelzebul.* Rom 1995

Steiner, Rudolf: *Geistige Hierarchien und ihre Widerspiegelung in der physischen Welt.* Dornach 1981

Swedenborg, Emanuel: *Himmel, Hölle und Geisterwelt.* Übertr. von Walter Hasenclever, Leipzig 1925

Wirth, Oswald: *I tarocchi.* Rom 1975

Wolff, Uwe: *Alles über gefallene Engel.* Stuttgart 1995